瑞佩尔 主编

新能源电动汽车 混合动力汽车 故障诊断与维修宝典

【国外品牌】

化学工业出版社

·北京·

内容简介

《新能源电动汽车混合动力汽车故障诊断与维修宝典》分为国产品牌与国外品牌两册。本书为国外品牌分册，文中举例的品牌车型有大众 ID.4、宝来 BEV、ID.4 CROZZ、ID.6X、迈腾 GTE、奥迪 E-tron、Q2e-tron、丰田普锐斯、卡罗拉双擎混动、BZ3、BZ4X、本田雅阁 HEV、雅阁 PHEV、M-NV、极湃 1、马自达 CX30-EV、现代伊兰特 EV、特斯拉 Model 3、Model S、雪佛兰探界者 PHEV、畅巡、别克微蓝 6、微蓝 7、GL8 陆尊 PHEV、奔驰 S400H、EQA300、宝马 I3、IX3、福特锐际 PHEV、路虎揽胜 PHEV、捷豹 E-PACE、保时捷 Taycan。

本书既有系统结构原理、部件功能特性的讲解，也有总成部件拆装、电路端子检测、故障诊断排除等实际操作分解步骤详解，关键难点部分还配有视频演示，扫码即可观看，一目了然。全书内容围绕三电系统及智能网联汽车特有的其他结构部件展开介绍相关技术，并融入大量的一线维修案例作为参照。

全书图文对照，深入浅出，轻松易懂，不仅可以供各汽车院校与职业培训机构作为新能源汽车维修的专业教材选用，也可以作为广大汽车售后技术人员从燃油汽车维修行业进入新能源汽车维修领域的技术进修读物。

图书在版编目（CIP）数据

新能源电动汽车混合动力汽车故障诊断与维修宝典. 国外品牌 / 瑞佩尔主编. -- 北京：化学工业出版社，2024. 10. -- ISBN 978-7-122-46379-1

Ⅰ. U469.707

中国国家版本馆CIP数据核字第2024338QN2号

责任编辑：周　红　　　　　　　　　　文字编辑：严春晖
责任校对：李雨晴　　　　　　　　　　装帧设计：刘丽华

出版发行：化学工业出版社（北京市东城区青年湖南街13号　邮政编码100011）
印　　装：河北京平诚乾印刷有限公司
787mm×1092mm　1/16　印张13　字数312千字　2024年11月北京第1版第1次印刷

购书咨询：010-64518888　　　　　　售后服务：010-64518899
网　　址：http://www.cip.com.cn

凡购买本书，如有缺损质量问题，本社销售中心负责调换。

定　　价：99.80元　　　　　　　　　　　　　　　　　　　　版权所有　违者必究

前言

新能源汽车的英文名称是 New Energy Vehicles,是指采用非常规的车用能源(即除汽油、柴油之外)作为动力来源(或使用常规的车用燃料、采用新型车载动力装置),综合车辆的动力控制和驱动方面的先进技术,形成的技术原理先进,具有新技术、新结构的汽车。

广义上的新能源汽车包括纯电动汽车(battery electric vehicle,BEV)、增程插电式电动汽车(装有小排量汽油发动机但行驶动力以电动为主)(plug in hybrid electric vehicle,PHEV)、油电或油气混合动力汽车(hybrid electric vehicle,HEV)、燃料电池电动汽车(fuel cell electric vehicle,PCEV)、氢发动机汽车、太阳能和其他新型能源汽车等。目前新能源汽车一般特指纯电动汽车与插电混动及增程式电动汽车。

相较于传统燃油车,电动汽车由于没有了发动机、变速器等复杂的机械部件,因此机械故障的维修量和维修难度相对较小。新能源汽车之"新",在于被业内称之为"三电"的电池、电机、电控,这些系统机械故障的维修所占比重较小,更多的是侧重于电气故障的维修。在维修难度层面,燃油汽车维修难度最大的部分就在于发动机和自动变速器,因为它机械结构比较复杂,还涉及电控。而现在电动汽车的电机、电池等,其机械结构则比较简单,但对于维修人员电学知识的要求较高,且维修时对诊断设备的依赖度更高。

从传统燃油汽车转变到新能源汽车的维修,其实并没有多大的不同与困难。唯一要关注的就是高压安全问题及高压系统与部件的维修诊断技术。

高压电如果操作不当,会危及接触者的生命。当然我们也不用谈"电"色变,因而止步不前。只要遵守"用正确的工具和正确的方法去做正确的事情"的原则,维修新能源汽车的作业安全问题也将不再是问题。

与传统燃油车型相比,很多系统及总成部件,其构造原理、拆装检测及维修方法都是相同的。比如插电混动的发动机，变速箱，底盘传动、行驶、转向及制动系统，车身电器及车身构件等。

纯电动汽车相比燃油汽车结构更加简单，去除了发动机与变速器总成，换上一套高压系统，而插电混动汽车则是在燃油车型的基础上加上了一套高压系统，成为燃油车加电动车的混合体。这样的结构看起来比燃油汽车更复杂，但只要我们分别对待，将高压系统单独理解和处理，事情也就没有那么复杂了。

为了让更多想进入新能源汽车售后服务领域的人员快速学习新能源汽车相关的结构原理知识，掌握新能源汽车"三电系统"及智能网联汽车新型系统的专业维修技能，我们特地组织一线维修技术专家编写了《新能源电动汽车混合动力汽车故障诊断与维修宝典》，分为"国产品牌"与"国外品牌"两个分册。

书中内容以模块化的方式及按"结构、原理、设置、拆装、检测、诊断、案例"的认知顺序进行编写，各小节结合知名品牌主流车型的技术特性、维修方法与一线实战案例分析展开叙述。

本书内容共分为 8 章。第 1～4 章以"三电技术"为主讲解动力电池、充电系统、电驱系统和温度控制系统（热管理系统）；第 5～8 章简要描述智能网联汽车智能底盘技术、自动驾驶技术、智能座舱技术及车辆控制系统。

本书整理了 17 个新能源汽车品牌共计近 80 款车型的"三电"维修资料，配套十多个原理讲解演示与维修实操视频，使得内容更加易学易懂，真正做到零基础维修，入门即精通（扫描封底二维码，即可获取上述拓展资源）。

本书由瑞佩尔主编，参加编写的人员还有朱如盛、周金洪、刘滨、陈棋、孙丽佳、周方、彭斌、王坤、章军旗、满亚林、彭启凤。在编写过程中，参考了大量汽车厂商的文献资料，在此，谨向这些资料信息的原创者们表示由衷的感谢！

囿于编者水平，及匆促成书，书中疏漏在所难免，还望广大读者朋友及业内专家多多指正。

编　者

目 录

第 1 章　动力电池　　　// 001

1.1　动力电池包 ……………………………………………………………… 001

1.1.1　原理秒懂：特斯拉使用的三元锂电池 …………………………… 001

1.1.2　原理秒懂：早期油电混动车用镍氢电池 ………………………… 003

1.1.3　结构秒认：丰田普锐斯使用的镍氢电池 ………………………… 004

1.1.4　部件快拆：大众 ID.4 CROZZ 动力电池拆装 …………………… 004

1.1.5　部件快换：大众宝来 BEV 电池包三号模组更换步骤 ………… 009

1.1.6　电路快检：现代伊兰特 EV 电池包检查方法 …………………… 012

1.1.7　电路快检：丰田 bZ3 电动汽车动力电池包低压端子定义 …… 015

1.1.8　案例精解：大众宝来 BEV 动力电池包内继电器粘连故障 …… 016

1.2　电池管理系统（BMS） ………………………………………………… 018

1.2.1　原理秒懂：丰田 bZ3 电池管理系统功能 ………………………… 018

1.2.2　电路快检：本田雅阁混动汽车电池管理器端子 ………………… 019

1.2.3　部件快拆：雪佛兰探界者 PHEV 电池控制器拆装步骤 ……… 025

1.2.4　故障速诊：马自达 CX-30 EV 电池管理系统故障诊断 ……… 026

1.2.5　案例精解：特斯拉 Model S 无法上高压故障排除 …………… 026

1.3　高压配电系统（PDU） ………………………………………………… 028

1.3.1　结构秒认：新能源汽车高压电缆与接插件 ……………………… 028

1.3.2　原理秒懂：丰田 bZ3 动力电池供电控制原理 …………………… 030

1.3.3	部件快拆：现代伊兰特 EV 高压配电箱拆装步骤	032
1.3.4	电路快检：丰田 bZ3 电动汽车双向充配电系统控制端子检测	033
1.3.5	故障速诊：马自达 CX-30 EV 配电系统故障诊断	034
1.3.6	案例精解：奥迪 Q2 e-tron 无法进入 READY 状态故障	034
1.4	**高压安全系统**	**036**
1.4.1	原理秒懂：本田 M-NV 高压互锁（HVIL）	036
1.4.2	原理秒懂：奔驰混合动力汽车互锁电路原理	037
1.4.3	原理秒懂：丰田 bZ3 动力电池包绝缘检测电路原理	038
1.4.4	设置技巧：现代伊兰特 EV 高压断开程序	039
1.4.5	设置技巧：大众 ID.3 高压断开与重连方法	040
1.4.6	电路速检：新能源汽车绝缘电阻测量方法	041
1.4.7	案例精解：奔驰混合动力车互锁电路故障诊断与维修	042
1.4.8	案例精解：大众宝来 BEV 动力电池模组绝缘故障排除	048

第 2 章　充电系统　　// 051

2.1	**交流充电**	**051**
2.1.1	原理秒懂：本田雅阁 PHEV 交流充电电路原理	051
2.1.2	设置技巧：大众 ID.6X 交流充电插座应急解锁方法	052
2.1.3	案例精解：宝马 iX3 电动汽车交流充电故障排除	054
2.2	**直流充电**	**056**
2.2.1	原理秒懂：丰田 bZ3 直流充电电路原理	056
2.2.2	电路速检：别克微蓝 7 电动汽车直流充电端子检测方法	057

2.2.3 案例精解：别克微蓝 6 电动汽车充电后无法启动故障 ················ 060

2.3 车载充电机（OBC） ················ 063

2.3.1 原理秒懂：本田极湃 1 车载充电机工作原理 ················ 063

2.3.2 部件快拆：现代伊兰特 EV 车载充电机拆装 ················ 065

2.3.3 案例精解：奔驰 EQA300 4MATIC 不能使用交流充电故障 ················ 066

2.4 DC-DC 转换器 ················ 067

2.4.1 原理秒懂：宝马 i3 直流转换器 ················ 067

2.4.2 原理秒懂：丰田 bZ3 直流转换器原理 ················ 069

2.4.3 故障速诊：丰田 bZ3 电动汽车 DC-DC 数据流 ················ 069

2.4.4 案例精解：福特蒙迪欧混动版不充电故障排除 ················ 070

第 3 章 电驱系统   // 072

3.1 驱动电机 ················ 072

3.1.1 结构秒认：宝马 i3 永磁同步电机结构特点 ················ 072

3.1.2 原理秒懂：奥迪 e-tron 感应异步电机 ················ 073

3.1.3 部件快拆：大众 ID.3 电动汽车驱动电机拆装 ················ 075

3.1.4 电路快检：丰田 bZ3 电动汽车电机低压端子检测 ················ 082

3.1.5 案例精解：保时捷 Taycan 仪表提示"驱动控制故障" ················ 083

3.2 电机管理器（TMC） ················ 084

3.2.1 结构秒认：大众 ID.4X 电驱系统 ················ 084

3.2.2 原理秒懂：本田极湃 1 电驱系统 ················ 085

3.2.3 原理秒懂：丰田 bZ3 电机控制系统 ················ 086

3.2.4　原理秒懂：丰田 bZ3 电机逆变器…………………………………………089

3.2.5　故障速诊：马自达 CX-30 EV 电驱系统故障诊断……………………………090

3.2.6　案例精解：大众迈腾 GTE 仪表提醒：电力驱动系统故障，请去服
　　　务站……………………………………………………………………………090

3.3　混动变速器（DHT）………………………………………………………………094

3.3.1　结构秒认：丰田 P410 混动变速器结构……………………………………094

3.3.2　原理秒懂：丰田 THS 混动系统原理…………………………………………096

3.3.3　结构秒认：本田 e-CVT 电子无级变速器结构………………………………098

3.3.4　原理秒懂：本田 i-MMD 混动系统原理………………………………………099

3.3.5　电路快检：丰田 P410 混动变速器控制器端子检测……………………………101

3.3.6　故障速诊：丰田 P410 混动变速器系统诊断…………………………………103

3.3.7　案例精解：丰田卡罗拉双擎变速器故障……………………………………103

3.3.8　案例精解：丰田普锐斯偶尔不能以纯电动方式行驶故障……………………106

第 4 章　温度控制系统　　　// 109

4.1　空调系统……………………………………………………………………………109

4.1.1　原理秒懂：本田 M-NV 自动电动空调原理……………………………………109

4.1.2　原理秒懂：丰田 bZ3 热泵空调原理…………………………………………109

4.1.3　原理秒懂：电动空调压缩机结构与原理………………………………………113

4.1.4　部件快拆：大众 ID.3 电动压缩机拆装步骤……………………………………114

4.1.5　部件快拆：大众 ID.3 电加热器（PTC）拆装步骤……………………………114

4.1.6　设置技巧：大众宝来 BEV 空调系统首次运行不成功的解决办法……116

4.1.7 设置技巧：大众迈腾 GTE 车型空调压缩机软件不兼容解决办法 …… 117

4.1.8 案例精解：大众宝来 BEV 车型空调不制冷并产生高压供电故障 …… 118

4.2 加热系统（PTC） …… 122

4.2.1 原理秒懂：宝马 i3 电加热器 PTC 结构原理 …… 122

4.2.2 部件快拆：大众 ID.3 加热元件 PTC 部件拆装 …… 124

4.2.3 案例精解：大众 ID.4 CROZZ 电动汽车无法上高压电故障 …… 125

4.3 冷却系统 …… 127

4.3.1 原理秒懂：丰田 bZ3 动力电池加热与冷却原理 …… 127

4.3.2 原理秒懂：丰田 bZ3 电驱系统冷却控制方式 …… 128

4.3.3 部件快拆：丰田 bZ3 电动汽车电机控制器电动水泵拆装 …… 129

4.3.4 故障速诊：马自达 CX-30 EV 热管理系统故障诊断 …… 129

4.3.5 案例精解：福特锐际 PHEV 亮发动机故障灯、加油没反应故障 …… 129

第 5 章　智能底盘系统　// 132

5.1 电子悬架（EDC） …… 132

5.1.1 结构秒认：路虎揽胜 PHEV 车型空气悬架系统 …… 132

5.1.2 原理秒懂：路虎揽胜 PHEV 车型空气悬架原理 …… 135

5.1.3 案例精解：路虎揽胜 PHEV 空气悬挂故障 …… 136

5.2 智能制动（IPB） …… 138

5.2.1 结构秒认：eBKV 制动系统结构与功能 …… 138

5.2.2 原理秒懂：制动能量回收原理 …… 141

5.2.3 原理秒懂：丰田 bZ3 制动能量回收控制 …… 141

5.2.4 故障速诊：马自达 CX-30 EV 电控制动系统故障诊断 143

5.3 电动转向（EPS） 143

5.3.1 结构秒认：路虎揽胜 PHEV 四轮电动转向部件结构 143
5.3.2 原理秒懂：路虎揽胜 PHEV 四轮电动转向控制原理 144
5.3.3 故障速诊：马自达 CX-30 EV 电动转向系统故障诊断 145

第 6 章 自动驾驶系统 // 146

6.1 行车辅助（ADAS） 146

6.1.1 结构秒认：特斯拉 Autopilot 系统感知部件 146
6.1.2 原理秒懂：特斯拉自动驾驶系统功能 148
6.1.3 原理秒懂：高级驾驶辅助系统（ADAS）功能特点 153
6.1.4 设置技巧：大众 ID.6X 前部摄像头传感器校准方法 155
6.1.5 电路快检：丰田 bZ4X 电动汽车前摄像头 ECU 端子检测 159
6.1.6 故障速诊：雪佛兰畅巡电动汽车驾驶辅助系统诊断 160

6.2 泊车辅助（APA） 160

6.2.1 原理秒懂：全景影像与自动泊车系统功能 160
6.2.2 设置技巧：大众 ID.4 CROZZ 全景影像系统校准 162
6.2.3 电路速检：丰田 bZ4X 电动汽车自动驻车模块端子 163
6.2.4 故障速诊：马自达 CX-30 EV 全景影像系统故障诊断 165

第 7 章　智能座舱系统　　// 166

- 7.1 信息娱乐系统 ··· 166
  - 7.1.1 结构秒认：特斯拉 Model 3 座舱控制器 ··· 166
  - 7.1.2 原理秒懂：丰田车载通信系统 ··· 167
  - 7.1.3 原理秒懂：宝马车载总线系统 ··· 168
  - 7.1.4 部件快拆：捷豹 E-PACE 插电混动前信息娱乐模块拆装 ··· 170
  - 7.1.5 设置技巧：保时捷 Taycan 重置通信管理系统（PCM）中央电脑 ······ 173
  - 7.1.6 故障速诊：马自达 CX-30 EV 网关系统故障诊断 ··· 174
  - 7.1.7 案例精解：保时捷 Taycan 组合仪表显示"紧急呼叫功能故障 - 需要维修" ····· 174
- 7.2 安全舒适系统 ··· 175
  - 7.2.1 原理秒懂：路虎揽胜 PHEV 无钥匙进入与启动系统（PEPS） ········ 175
  - 7.2.2 原理秒懂：路虎揽胜 PHEV 辅助约束系统（SRS） ··· 177
  - 7.2.3 电路速检：丰田 bZ4X 电动汽车智能钥匙 ECU 端子检测 ··· 177
  - 7.2.4 电路速检：丰田 bZ4X 电动汽车安全气囊控制器端子 ··· 179
  - 7.2.5 故障速诊：雪佛兰畅巡电动汽车 SRS 系统诊断 ··· 181
  - 7.2.6 故障速诊：别克 GL8 陆尊 PHEV 安全防盗系统诊断 ··· 181

第 8 章　车辆控制系统　　// 182

- 8.1 整车控制器（VCU） ··· 182

8.1.1 原理秒懂：新能源车整车控制器功能 …………………………………………… 182
8.1.2 电路速检：丰田 bZ3 电动汽车整车控制器端子定义 ………………………… 183
8.1.3 电路速检：本田 M-NV VCU 端子检测 ………………………………………… 184
8.1.4 故障速诊：马自达 CX-30 EV 整车控制器故障诊断 ………………………… 187

8.2 车身控制器（BCM）……………………………………………………………… 187
8.2.1 原理秒懂：特斯拉 Model 3 车身域控制器特性 ……………………………… 187
8.2.2 部件快拆：福特电马 Mach-E 车身控制模块拆装步骤 ……………………… 190
8.2.3 电路速检：丰田 bZ4X 电动汽车 BCM 端子检测 …………………………… 191
8.2.4 设置技巧：保时捷 Taycan 重置通信管理系统（PCM）中央电脑 …… 194
8.2.5 故障速诊：马自达 CX-30 EV 车身控制器故障诊断 ………………………… 195

第 1 章

动力电池

1.1 动力电池包

1.1.1 原理秒懂：特斯拉使用的三元锂电池

锂（Li）是一种化学元素。"锂"字源自希腊词"lithos"，意思是"石头"，因为锂是在 1817 年从石头中发现的。和钠一样，锂属于碱性金属（由其化学行为决定）。此外，由于其密度低，因此被视作轻金属。它是化学元素中质量第三轻的元素，仅次于氢和氦。

三元锂电池又称三元聚合物锂电池，三元锂电池的"三元"指的是包含镍（Ni）、钴（Co）、锰（Mn）或铝（Al）三种金属元素的聚合物（前三种组合简称 NCM，后三种组合简称 NCA），在三元锂电池中作正极。三者缺一不可，在电池内部发挥着巨大的作用。镍的主要作用是提升电池的体积能量密度，是提升续航里程的主要突破口，但含量过多会导致镍离子占据锂离子位置（镍氢混排），致使容量下降。钴作用为抑制阳离子的混排，用以提升稳定性和延长电池的寿命，此外，也决定了电池的充放电速度和效率（倍率性能），但过高的钴含量会导致实际容量降低。钴是十分昂贵的稀有金属，成本高昂。锰或铝的作用在于降低正极材料成本，同时提升电池的安全性和稳定性。

三元锂电池最大优势在于电池储能密度高，其储能密度通常在 200Wh/kg 以上，相对于磷酸铁锂的 90～120Wh/kg，更适合乘用车市场对续航里程的需求，但是三元锂电池材料分解温度在 200℃左右，它会释放氧分子，在高温作用下电解液会迅速燃烧，引发电池自燃和易爆风险，因此它对电池管理要求很高，需要做好过充保护（OVP）、过放保护（UVP）、过温保护（OTP）和过流保护（OCP）等。

松下采用的正极材料是 NCA（镍钴铝），三种材料配比为 80%∶15%∶5%，在负极上，松下使用了碳硅材料。硅的克容量为4200mAh/g，而纯石墨负极克容量仅为373mAh/g，掺入了硅的碳硅负极材料容量能够达到400～650mAh/g的水平，进一步提高了电池的能量密度。在特斯拉早期电动车型上，装用的是松下提供的18650圆柱锂电，在特斯拉Model 3上采用的新型的21700圆柱形电池上，松下实现了单体电芯能量密度300Wh/kg的指标。

特斯拉早期电动车的电池采用了松下提供的NCA系列（镍钴铝体系）18650钴酸锂电池，整车的电池包分为60kWh或者85kWh两类（早期产品），单颗电池容量为3100mAh（一般我们在电瓶上看到的单位是"安时（Ah）"，这主要是根据不同容量的电池来选择不同的单位）。

85kWh的Model S的电池单元一共运用了8142个18650锂电池，组装时首先将这些电池以单元、模组逐一平均分配，最终组成一整个电池包。电池包位于车身底板，如图1-1所示。扫描封底二维码获取相关视频。

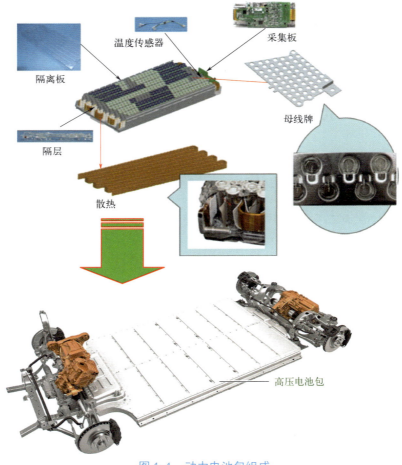

图1-1　动力电池包组成

虽然18650钴酸锂电池是满足较高续航行驶里程的关键，但它在高温状态下的稳定性相比镍钴锰酸锂（NCM）和磷酸铁锂电池则要稍差些，因此，在安全性方面就需要技术的有力支撑。

电池包内每一节18650钴酸锂电池两端均设有保险装置,每个电池片和每个电池砖也都有保险装置,一旦发现某一单元内部出现问题,保险装置都将会切断其与其他电池单元的联系,从而避免影响整体电池性能的情况出现。另外,每个电池片之间都有相对独立的空间,由防火墙相隔,即便是单个电池片内部出现了起火的情况,火势也可得到一定控制,不至于迅速蔓延至整个电池包。电池模块内部细节如图1-2所示。

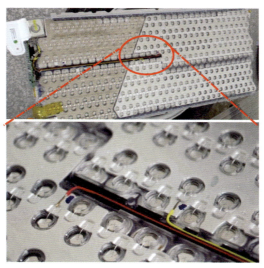

图1-2 动力电池组成局部特征

1.1.2 原理秒懂:早期油电混动车用镍氢电池

镍氢(NiMH)蓄电池的单电池源电压是由电极上过量的带电氢粒子产生的。镍氧氢化合物(氢氧化镍)用作正电极。负电极由能对氢进行可逆存储的金属合金组成。镍氢电池内部结构如图1-3所示。

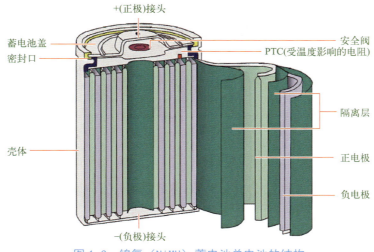

图1-3 镍氢(NiMH)蓄电池单电池的结构

充电过程中，氢离子从负电极迁移至正电极，并吸附在电极材料上。放电过程相同，但顺序相反。

镍氢（NiMH）蓄电池的单电池采用了两个安全机制。PTC电阻器可限制高温时的电流，安全阀可以受控释放蓄电池的单电池中产生的过高压力。

镍氢电池电解液为不可燃的水溶液，比热容、电解液蒸发热相对较高，而能量密度相对较低，即使发生短路、刺穿等极端异常情况，电池温升小，也不会燃烧。

在低温地区，如日本北海道、加拿大曼尼托巴省等地区，室外温度在0℃以下，镍氢电池也能正常地充放电，不会存在安全隐患。此外，镍氢电池的产品质量控制难度也相对比较低，因制造过程导致缺陷的可能性很小。

所以对电池电量要求不高的普通混动车型，大多都选择使用镍氢电池。除了丰田旗下的卡罗拉-雷凌双擎、凯美瑞双擎、普锐斯，雷克萨斯CT200H、ES300H，本田思域HEV、INSIGHT英赛特、CR-Z等混动车型，其他使用镍氢电池的混合动力车辆还有福特汽车的Ford Escape；雪佛兰的Chevrolet Malibu。

1.1.3 结构秒认：丰田普锐斯使用的镍氢电池

丰田普锐斯（PRIUS），是日本丰田汽车于1997年推出的世界上第一个大规模生产的混合动力车辆车款。丰田第三代普锐斯采用201.6V（1.2V×6格×28块）直流镍氢电池，2003款车型为1.2V×6格×38块=273.6V。丰田为第四代普锐斯提供了两种电池选择：较为传统的镍氢电池和目前比较流行的锂离子电池。两款电池的输出电压相近，锂离子电池的输出电压为207.2V，镍氢电池则为201.6V，所占的体积也相似，锂电池大小约为30.5L（1.1ft^3），镍氢电池约为35.5L（1.25ft^3，1ft=0.3048m）。第三代所配镍氢电池模块结构见图1-4。

图1-4　普锐斯所用镍氢电池模块

1.1.4 部件快拆：大众ID.4 CROZZ动力电池拆装

以大众ID.4 CROZZ车型为例，该车动力电池总成分解图如图1-5所示。扫描封底二维码获取相关视频。

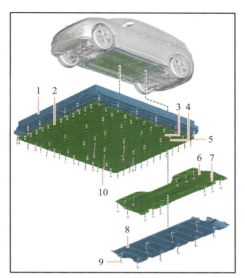

1—动力电池；2—防钻撞保护装置；3—螺栓（35个），力矩：7Nm；4—螺母（22个），力矩：8Nm；5—螺栓（拧紧顺序见图1-6，16个，规格M10×25），力矩：50Nm+90°；6—动力电池开口的加强件；7—螺栓（拧紧顺序见图1-6，14个，规格M10×25），力矩：50Nm+90°；8—动力电池开口的加强件的底板饰板；9—螺母（9个），力矩：2Nm；10—螺栓（拧紧顺序见图1-6，4个，拆卸后更换），力矩：40Nm+180°

图1-5　动力电池总成分解图

❶ 执行动力电池的目检。
❷ 排放冷却液。
❸ 切断高压系统的电源。
❹ 举起车辆。
❺ 先将升降台臂和定位件1摆动到动力电池的框架2范围内。然后将升降台臂与定位件一起尽量向回摆动到a处，以保证可在后续工作中降低蓄电池，如图1-7所示。

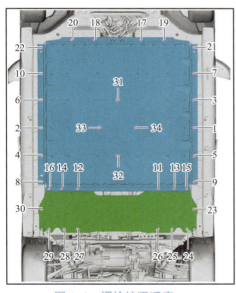

图1-6　螺栓拧紧顺序

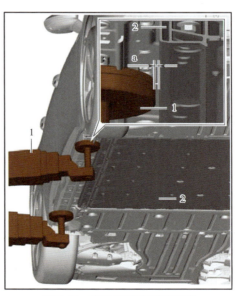

图1-7　安装升降台臂定位件

❻ 拆卸前部底板饰板。
❼ 拆卸侧面的底板饰板。
❽ 拆卸中部底板饰板。

⑨ 松开动力电池螺栓连接区域内的前部轮罩内板。
⑩ 拧出螺栓2，如图1-8所示。
⑪ 拉出动力电池开口的车身加强件1，如图1-8所示。
⑫ 旋出电位均衡线的固定螺母1，如图1-9所示。
⑬ 脱开动力电池的电气连接插头2。
⑭ 脱开高压电源插头4。
⑮ 脱开辅助用电器的电气连接插头5。
⑯ 脱开DC充电接头6。以上部件位置如图1-9所示。

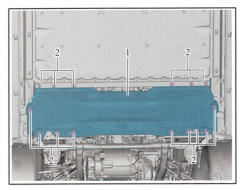

图1-8　拆下车身加强件

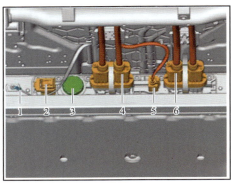

图1-9　拆下电池包连接件

⑰ 按如下方法脱开辅助用电器的电插接器。
● 将槽口（蓝色）1沿箭头方向A解锁。
● 用合适的螺丝刀5在槽口（蓝色）1和插头3之间沿箭头方向B解锁，同时分开电插接器，如图1-10所示。
⑱ 按如下方法脱开高压电源插头，如图1-11所示。

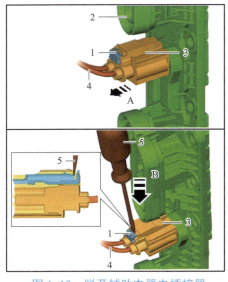

图1-10　脱开辅助电器电插接器

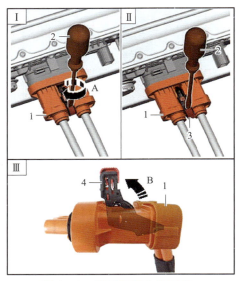

图1-11　脱开高压电源插头

- 将槽口（红色）3 沿箭头方向 A 转动解锁。
- 沿箭头 B 方向按压锁止卡箍 4 并脱开电插接器。

⑲ 检查密封件（箭头所指处）是否安装在正确位置并校正，如图 1-12 所示。

⑳ 检查连接支架是否受潮，用无纤维的抹布擦拭。

㉑ 如图 1-13 所示拧出螺栓 2 和 3。

㉒ 动力电池必须平整地放在剪式升降台 FVE U-DP7BLS 或剪式升降台 FVE MD12AWYT-1 上。注意污染物，必要时将其清除。

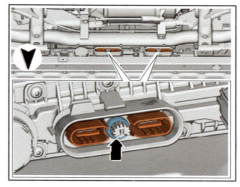

图 1-12　检查密封件

㉓ 将绝缘垫 VAS 6762/44-2 放置在剪式升降台 FVE U-DP7BLS 或剪式升降台 FVE MD12AWYT-1 中间位置。剪式升降台和动力电池的前边缘必须对齐（箭头所指处）。

㉔ 剪式升降台 FVE U-DP7BLS 或剪式升降台 FVE MD12AWYT-1 降下并调整，以便可以平整地放置动力电池。剪式升降台 FVE U-DP7BLS 或剪式升降台 FVE MD12AWYT-1 和动力电池的前边缘对齐，如图 1-14 所示。

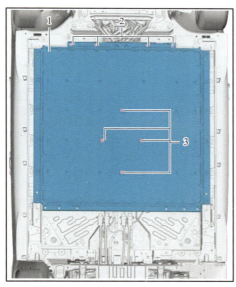

图 1-13　拆下动力电池包底板螺栓

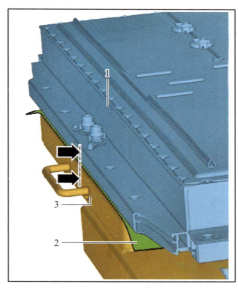

图 1-14　摆放升降台位置

㉕ 将剪式升降台 FVE U-DP7BLS 或剪式升降台 FVE MD12AWYT-1 尽量抬起，直到支撑起动力电池，如图 1-15 所示。

㉖ 将螺栓 2 从动力电池中拧出，如图 1-16 所示。

㉗ 切勿将手伸入车身和动力电池之间。确保与车身之间的自由活动空间。确保与导线和电插接器之间的自由活动空间。

㉘ 将动力电池降低约 5cm，直到接触到冷却液接口。

㉙ 将收集盘放在冷却液接口下方。

图 1-15 升起升降台

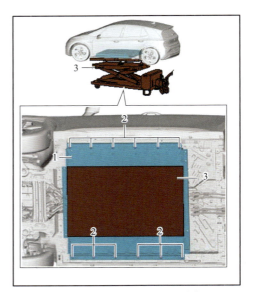

图 1-16 拧出动力电池包固定螺栓

㉚ 打开卡箍 1（箭头方向），并将冷却液软管从动力电池上拔下，如图 1-17 所示。
㉛ 将动力电池的冷却液接口用通用管路密封塞封闭。
㉜ 小心地降低动力电池。
㉝ 将介质通道 1 用维修套件中的螺栓 2 固定，如图 1-18 所示。

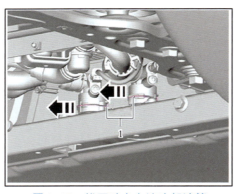

图 1-17 拔下动力电池冷却液管

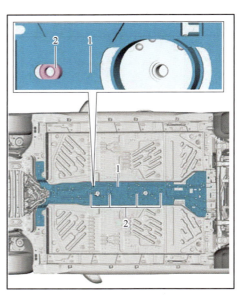

图 1-18 固定介质通道

㉞ 安装以倒序进行，同时注意下列事项：去除分隔薄膜，用清洁剂清洁分隔薄膜的区域，更换分隔薄膜。

1.1.5 部件快换：大众宝来 BEV 电池包三号模组更换步骤

❶ 检查车辆准备情况，低压电、高压电应处于断开状态。注意须双人相互配合操作。

❷ 3 号新模组已经由电池商（宁德时代）做好模组电压平衡。测量确认所有模组电压为 22V。

❸ 安装好 3 号电池模组，用带绝缘层的扭力调节的工具，按照标准扭矩拧紧，各部件紧固力矩如图 1-19 所示。扫描封底二维码获取相关视频。

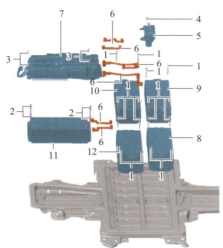

1—螺栓（16 件，M6×78）拆卸后更换，力矩：8Nm+180°；2—螺栓（4 件，M6×78）拆卸后更换，力矩：8Nm+180°；3—螺栓（4 件，M6×225）拆卸后更换，力矩：8Nm+45°；4—螺栓（2 件）；5—支架；6—蓄电池的高压插头连接，力矩：9Nm；7—动力电池配电箱；8—蓄电池模块 5；9—蓄电池模块 1；10—蓄电池模块 2；11—蓄电池模块 3；12—蓄电池模块 4

图 1-19　电池模组位置

❹ 如图 1-20 所示安装好底层高低压线束，用带绝缘层的扭力调节的工具，按照标准扭矩拧紧。力矩：6～9Nm。

❺ 安装好动力电池配电箱 SX6（BJB）和蓄电池调节控制单元 J840（地址 8C）总成。SX6 固定螺栓扭矩：3～8Nm+45°，如图 1-21 所示。

图 1-20　安装底层线束

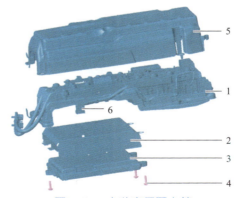

图 1-21　安装高压配电箱

1—动力电池配电箱 SX6；2—蓄电池控制单元 J840 屏蔽件；3—蓄电池调节控制单元 J840；4—螺栓（3 件，M6×22）拆卸后更换，力矩：8Nm+45°；5—护罩；6—控制导线

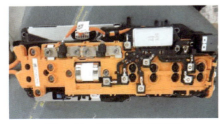

图 1-22 高压配电箱照片

❻ 动力电池配电箱 SX6 上电。配电箱正反面图如图 1-22 所示。

❼ 安装上层高压线束，高压线束连接点固定螺栓扭矩：6～9Nm。

SX6 上电说明：在连接 HV 之前，需要先将 SX6 内部的电容进行预充电，然后再接上 HV，以免产生大量电火花造成 SX6 电极烧蚀损坏。

❽ 运用 VAS6150、VAS5581 进行黏合上盖前的离车电池包测试。确保动力电池包电气部件一切正常后，才能黏合上盖。

检测所有电池电芯温度 25.875℃，正常；电芯电压 3.66V，正常。读取电池内部数据块发现绝缘电阻值为 50kΩ，显示"无效"，如图 1-23 所示。该绝缘电阻值达不到 10MΩ 标准值，需要进一步确定绝缘电阻值不达标准的原因。

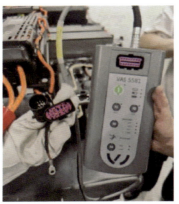

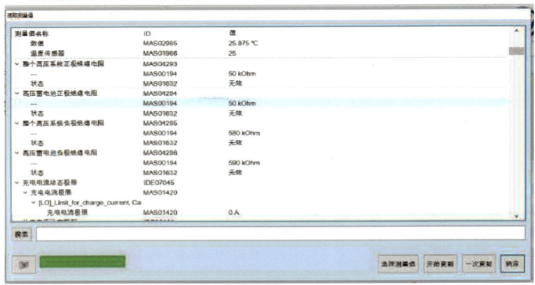

图 1-23 检测绝缘电阻无效

分析： J840 蓄电池调节控制单元监控 J497 蓄电池模块监控控制单元，可以读出各个电池模组的电池电压和温度运行信息，绝缘数值是 J840 记录的，拆下前检测的高压系统和电池包的绝缘数值为离线式运用 VAS5581 和 VAS6150E 测试，无法测试出高玉包绝缘值。

❾ 动力电池包重新上车，使用 VAS6150/VAS5581 测试，电池包绝缘值合格，如图 1-24 所示。

图 1-24　检测电池包绝缘值合格

❿ 确认动力电池包电气部件完全合格后，下一步黏合上盖。

⓫ 在动力电池 AX2 每次打开前以及每次粘贴后，必须进行密封性检测。在对动力电池密封测试之前先进行工具密封测试。

　　a. 将密封套 VAS 6911 /4-1 连接到 DC 充电接口。

　　b. 将压力补偿元件逆时针旋转（图中箭头）并拆下，如图 1-25 所示，并用密封盖 FT04012X 密封动力电池开口处。

　　c. 将测试插头组 VAS 6911 /3 -2 取下。

　　d. 将测试插头组 VAS 6911 /3A 1 连接到高压电池牵引动力接口上。

图 1-25　压力补偿元件位置

　　e. 用冷却液加注测试仪 VAG 12748，加压约 60mbar（1bar=10^5Pa）等待 20s 后再次加压至 60mbar，等待 75s 后检查压降。

　　f. 观察压力表 VAG 13978 的压力变化。

　　g. 压力损失最多允许为 5mbar，压力损失超过 5mbar，则疑似泄漏。

　　h. 提示如果压力下降超过规定值说明有泄漏。

　　i. 如确定存在泄漏，执行泄漏检查。

1.1.6 电路快检:现代伊兰特 EV 电池包检查方法

以现代伊兰特 EV 车型为例,动力电池包的检查项目及方式如表 1-1 所示。

表 1-1 动力电池包检查项目与方式

检查项目		参数	检查方式
分离		—	直观检查
生锈			
褪色			
安装状态			
泄漏			
充电状态(SOC)		0%～100%	使用 KDS/GDS 诊断仪检查"当前数据流"
电压	单格电池	2.8～4.2V	使用 KDS/GDS 诊断仪检查"当前数据流"
	组	246～369.2V	
	差单格电池之间	小于 40mV	
绝缘电阻		300～1000kΩ	使用 KDS/GDS 诊断仪检查"当前数据流"
		大于 50MΩ	使用兆欧表

(1) SOC 检查

❶ 将点火开关置于 OFF。

❷ 把 KDS/GDS 诊断仪连接到诊断连接器上。

❸ 将点火开关置于 ON。

❹ 在 KDS/GDS 诊断仪的当前数据流中检查充电状态(SOC)参数,如图 1-26 所示。SOC 参数范围:0%～100%。

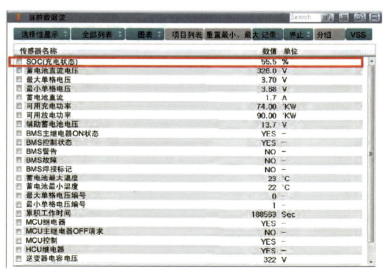

图 1-26 检查电池包 SOC 参数

（2）蓄电池电压检查

❶ 将点火开关置于 OFF。

❷ 把 KDS/GDS 诊断仪连接到诊断连接器上。

❸ 将点火开关置于 ON。

❹ 在 KDS/GDS 诊断仪的当前数据流中检查单格电池电压和蓄电池组电压，如图 1-27 所示。

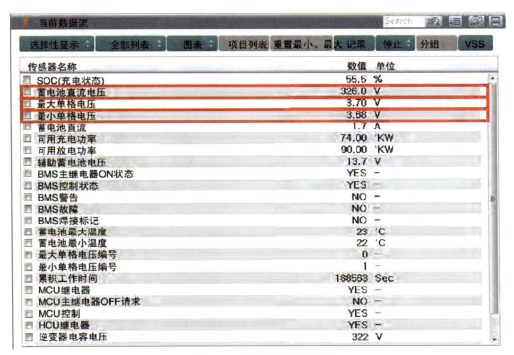

图 1-27　检查蓄电池电压

单格电池电压：2.8～4.2V；蓄电池组电压：246～369.16V；单格电池之间的电压差：小于 40mV。

（3）电路检查

❶ 拆卸动力电池组总成。

❷ 拆卸电压与温度传感器的导线线束。

❸ 执行蓄电池模块与 BMS 连接器之间的电阻测试，如图 1-28 所示。

规定值：小于 1Ω（20℃）。

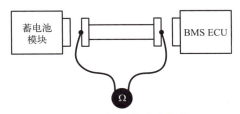

图 1-28　检测线路电阻值

❹ 在底壳上安装 BMS。
❺ 把电压与温度传感器线束连接到 BMS。
❻ 测量蓄电池模块线束和下壳之间的绝缘电阻，如图 1-29 所示。

规定值：大于 1MΩ（20℃）。

（4）使用兆欧表测量绝缘电阻

❶ 切断高压电路。
❷ 把兆欧表（A）的负极（-）端子连接到车身搭铁点上。

为获得精确的测量结果，把负极（-）端子正确连接到未喷漆的裸露部位上，如图 1-30 所示。

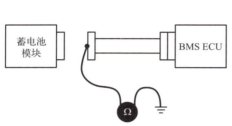

图 1-29　检测绝缘电阻值

图 1-30　负极端子连接方式

❸ 把正极（+）端子连接到蓄电池的正极（+）端子后，如图 1-31 所示，如下述测量电阻值。

a. 通过兆欧表提供 500V 电压，然后等待 1min，测量稳定的电阻值，电路如图 1-32 所示。

b. 检查电阻值。规定值：大于 50MΩ（20℃）。

图 1-31　正极连接方式

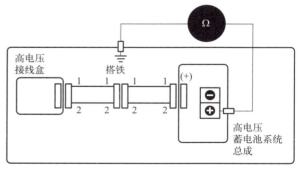

图 1-32　正极测量连接电路

❹ 把正极（+）端子连接到蓄电池的负极（-）端子后，如图 1-33 所示。如下所述测量电阻值。

a. 通过兆欧表提供 500V 电压，然后等待 1min，测量稳定的电阻值。测量电路如图 1-34 所示。

b. 检查电阻值。规定值：大于50MΩ（20℃）。

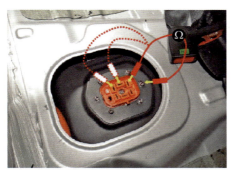

图1-33 负极连接方式

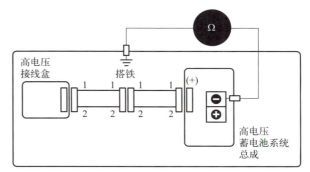

图1-34 负极测量连接电路

1.1.7 电路快检：丰田bZ3电动汽车动力电池包低压端子定义

当动力电池包出现故障时，可以根据需要依据低压控制端子的功能定义进行信号（电压或电阻）检测，以此判断线路或控制器是否有问题。以丰田bZ3电动汽车为例，该车动力电池包低压端子分布如图1-35所示，端子定义见表1-2。

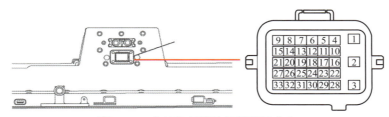

图1-35 电池包低压连接器端子分布

表1-2 电池包低压连接器端子功能

端子	定义
4	12V常电输入
5	IG3电源1
6	IG3电源2
7	直流充电正/负极接触器电源（IG3）
8	直流充电口负极温感高
9	直流充电口温度传感器接地
10	直流充电正极接触器控制
11	直流充电负极接触器控制
13	低压辅助电源唤醒A+

续表

端子	定义
14	直流充电口正极温感高
16	高压互锁输入
17	高压互锁输出
18	交流充电连接确认 CC 信号
20	动力子网 CAN-H
21	动力子网 CAN-L
22	SMRS 屏蔽
23	接地
24	碰撞硬线信号输入
25	接地
26	直流充电连接 CC2 信号
27	能量网 CAN 屏蔽
28	SMRS 关断信号
29	直流充电 CAN-L
30	直流充电 CAN-H
31	直流充电 CAN 屏蔽
32	能量网 CAN-L
33	能量网 CAN-H

1.1.8 案例精解：大众宝来 BEV 动力电池包内继电器粘连故障

▶ 故障现象：

车辆无法接通高压电，8C 系统里报故障码："P0AA100：混合动力/高电压蓄电池正极触点，卡在闭合位置""P0AE200：混合动力/高电压蓄电池预充电触点卡在闭合位置"。如图 1-36 所示。

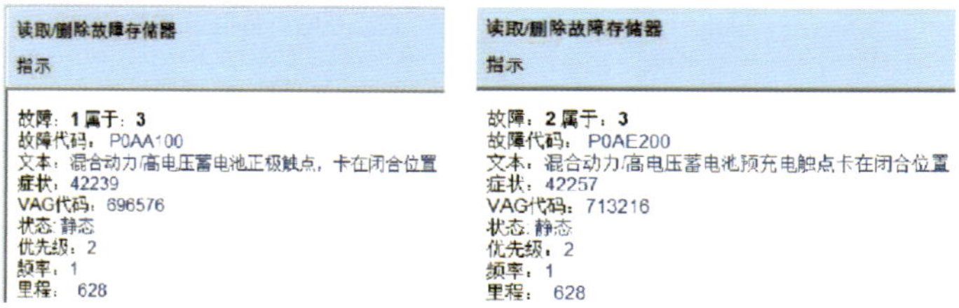

图 1-36 诊断仪所报故障代码信息

▶ **维修过程：**

❶ 该车之前因 PTC 故障更换过 PTC，更换后空调系统产生"空调压缩机高压供电故障""空调压缩机电压传感器 1 和 2 电路电器故障"故障码。相同车型倒换压缩机、空调面板、J1050 充电电压控制单元后此车故障依旧。此车的部件换到其他车上试车一切正常。之后车辆 8C 系统产生故障码"P0AA100：混合动力/高电压蓄电池正极触点，卡在闭合位置""P0AE200：混合动力/高电位蓄电池预充电触点卡在闭合位置"，无法接通高压电。

❷ 对此车进行现场分析，故障确实存在。由于之前低压电池断电，系统中出现许多偶发故障码。

❸ 清除偶发故障后仅动力电池模块存在故障，诊断仪读取故障码和之前相同。

❹ 断开高压电维修插头及相关高压连接，拆下动力电池包。

❺ 根据诊断仪指引，进行 BJB 高压输入侧和输出侧的通断测量，万用表显示处于接通状态，如图 1-37 所示，怀疑 BJB 内侧继电器存在粘连。

图 1-37　使用万用表检测通断

❻ 拆下 BJB，再用万用表检测通断，高压正输入、输出端仍为接通状态，判定为 BJB 内部粘连。

❼ 之前检测功率电子保险也存在断路情况，同时更换保险丝；将维修后的动力电池包再次安装到车上，车辆高压供电系统恢复正常，如图 1-38 所示。

图 1-38　仪表显示车辆状态良好

▶ **故障排除：**

更换 BJB 及功率电子内的保险丝。

1.2 电池管理系统（BMS）

1.2.1 原理秒懂：丰田 bZ3 电池管理系统功能

电池管理系统（BMS）由电池管理控制器（BMC）、电池信息采集器（BIC）和高压监控模块（HVSU）构成。

BMC 监视动力电池的状态，如电压、电流和温度等信息，并将该信息传输至整车控制器（VCU）。BIC 检测动力电池的温度，动力电池温度较低/较高时，BMC 发出加热/冷却需求，通过空调系统的板换热，实现电池的加热/冷却。HVSU 检测流经动力电池总成的电流，且内设有绝缘检测电路，以检测动力电池或高压电路是否漏电。BMC 将这些信号转换成数字信号，并通过 CAN 信号，发送至整车网络。

BIC 检测刀片电池的电压/温度，并将该信息发送至 BMC。同时，BIC 根据来自 BMC 的信号平衡各刀片电池的电压。BMS 系统原理框图如图 1-39 所示。

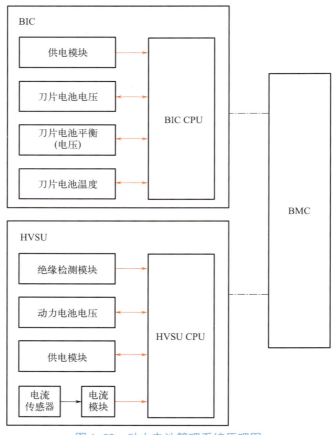

图 1-39　动力电池管理系统原理图

–·–：SPI通信

动力电池控制系统的控制功能如表 1-3 所示。

表 1-3 动力电池控制系统功能描述

控制	概要
充电状态（SOC）控制	BMC 通过估算动力电池的充电和放电安培数计算 SOC。BMC 将动力电池 SOC 信息传输至整车控制器。整车控制器根据计算出的 SOC 持续执行充电/放电控制，以将 SOC 保持在目标范围内
动力电池冷却/加热控制	BMC 根据接收到的电池温度，发出电池热管理需求，空调系统响应此需求，以使动力电池温度保持在最佳状态
检测绝缘电阻减小	BMC 根据来自包含泄漏检测电路的 HVSU 高压监控模块的信息来判定绝缘电阻是否减小
碰撞过程中切断	高压电路碰撞期间，如果 BMC 接收到来自空气囊 ECU 总成的空气囊展开信号，将断开 SMR 以切断动力电池的高压
充电控制	根据动力电池状态，BMC 对电量进行最佳调节。即将充满电时，逐渐降低充电功率直至动力电池充满电。有关详情，可参考插电式充电控制系统

BMC 根据持续、反复充电和放电的累计安培数估算动力电池的 SOC。在车辆行驶过程中，动力电池经历反复的充电/放电循环，因为其在加速过程中由电动机放电，在减速过程中由再生制动充电。

BMC 将动力电池的相关信号（电压、电流和温度）转换为数字信号，并通过 CAN 通信将其传输至整车控制器，如图 1-40 所示。

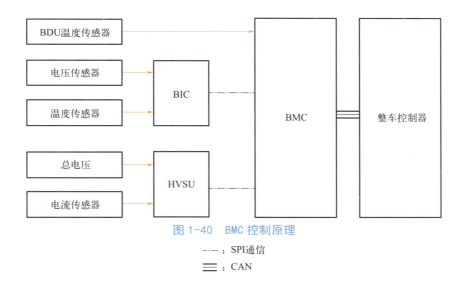

图 1-40 BMC 控制原理

---：SPI 通信
≡：CAN

1.2.2 电路快检：本田雅阁混动汽车电池管理器端子

当动力电池系统出现故障时，可以根据需要依据控制器端子的功能定义进行信号（电压或电阻）检测，以此判断线路或控制器是否有问题。以本田雅阁混动汽车为例，该车 BMS 端子分布如图 1-41～图 1-46 所示，端子定义见表 1-4～表 1-9。

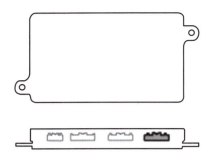

图 1-41 电池管理器连接器一端子分布

表 1-4 连接器一端子定义

端子	名称	定义
4	BATT-	检测动力电池负极（-）端子信号
8	VH0	检测蓄电池单元电压信号
9	VH2	检测蓄电池单元电压信号
10	VH4	检测蓄电池单元电压信号
11	VH6	检测蓄电池单元电压信号
12	VH8	检测蓄电池单元电压信号
13	VH10	检测蓄电池单元电压信号
15	BATT+	检测动力电池正极（+）端子信号
23	VH1	检测蓄电池单元电压信号
24	VH3	检测蓄电池单元电压信号
25	VH5	检测蓄电池单元电压信号
26	VH7	检测蓄电池单元电压信号
27	VH9	检测蓄电池单元电压信号
28	VH11	检测蓄电池单元电压信号

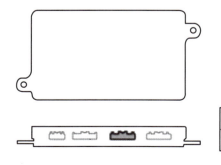

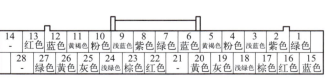

图 1-42 电池管理器连接器二端子分布

表 1-5 连接器二端子定义

端子	名称	定义
1	VH13	
2	VH15	
3	VH17	
4	VH19	
5	VH21	
6	VH23	
7	VH24	
8	VH26	
9	VH28	
10	VH30	
11	VH32	
12	VH34	
13	VH36-0	检测蓄电池单元电压信号
15	VH12	
16	VH14	
17	VH16	
18	VH18-0	
19	VH20	
20	VH22	
22	VH25	
23	VH27	
24	VH29	
25	VH31	
26	VH33	
27	VH35	

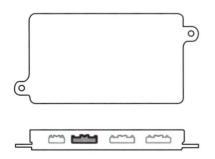
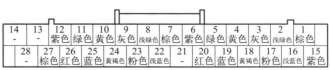

图 1-43 电池管理器连接器三端子分布

表 1-6 连接器三端子定义

端子	名称	定义
1	VH37	
2	VH39	
3	VH41	
4	VH43	
5	VH45	
6	VH47	
7	VH48	
8	VH50	
9	VH52	
10	VH54-0	
11	VH56	
12	VH58	检测蓄电池单元电压信号
15	VH36-1	
16	VH38	
17	VH40	
18	VH42	
19	VH44	
20	VH46	
22	VH49	
23	VH51	
24	VH53	
25	VH55	
26	VH57	
27	VH59	

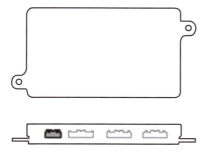
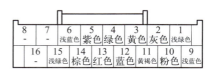

图 1-44 电池管理器连接器四端子分布

表 1-7 连接器四端子定义

端子	名称	定义
1	VH61	
2	VH63	
3	VH65	
4	VH67	
5	VH69	
6	VH71	检测蓄电池单元电压信号
9	VH60	
10	VH62	
11	VH64	
12	VH66	
13	VH68	
14	VH70	
15	VH72	

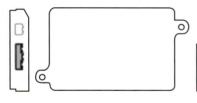
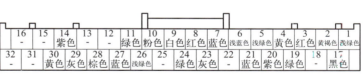

图 1-45 电池管理器连接器五端子分布

表 1-8 连接器五端子定义

端子	名称	定义
1	+B IGB	蓄电池状态监视器单元的电源（备份）
2	IGB	蓄电池状态监视器单元的电源
3	CNTPSIN	连接器电源
4	CNTP	驱动高压连接器
5	CNTN	驱动高压副连接器
6	PRE	驱动旁通连接器
7	IG1MONI	检测 IG1 信号
8	F-CAN D_L	发送和接收 F-CAN D 通信信号（低）
9	F-CAN D_H	发送和接收 F-CAN D 通信信号（高）

续表

端子	名称	定义
10	EP-CAN A_L	发送和接收 EP-CAN 通信信号（低）
11	EP-CAN A_H	发送和接收 EP-CAN 通信信号（高）
14	NFAN	检测动力电池单元风扇旋转速度信号
17	PG（ECU）	蓄电池状态监视器单元搭铁
19	IGHLDB	驱动 IGHLDB 继电器
20	IGHLD1	驱动 IG HLD1 继电器
21	IGHLD2	驱动蓄电池风扇继电器
22	未使用	检测来自 SRS 单元的碰撞检测信号
23	IGAMONI	检测 IGA 信号
24	FANCTL	驱动动力电池单元风扇
26	ISOC	检测蓄电池电流传感器信号（正常范围）
27	ISOCF	检测蓄电池电流传感器信号（好的范围）
28	VCCISOC	提供蓄电池电流传感器参考电压
29	SGISOC	蓄电池电流传感器的传感器搭铁
30	CDS	检测来自 SRS 单元的碰撞检测信号

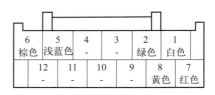

图 1-46　电池管理器连接器六端子分布

表 1-9　连接器六端子定义

端子	名称	定义
1	TBATT1	检测动力电池单元温度传感器 1 信号
2	TBATT3	检测动力电池单元温度传感器 3 信号
5	BATTIND1	检测动力电池单元识别电阻器信号
6	SGTB	动力电池单元传感器搭铁
7	TBATT2	检测动力电池单元温度传感器 2 信号
8	TBATT4	检测动力电池单元温度传感器 4 信号

1.2.3 部件快拆：雪佛兰探界者 PHEV 电池控制器拆装步骤

❶ 断开蓄电池负极电缆。
❷ 拆下中央控制台出风管。
❸ 拆下地板后出风管。
❹ 拆下蓄电池控制模块卡扣1（2个）。
❺ 拆下蓄电池能量控制模块托架2，如图1-47所示。

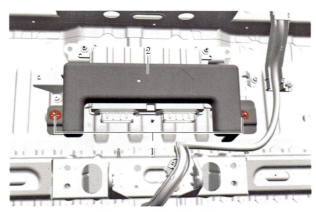

图1-47 拆卸模块托架

❻ 拆下蓄电池能量控制模块螺母1（4个）（扭矩：9Nm）。
❼ 拆下蓄电池控制模块2，如图1-48所示。

图1-48 拆下电池控制器

❽ 安装按照与拆卸相反的顺序进行。
❾ 使用故障诊断仪执行蓄电池控制模块配置/复位功能中的混合动力/电动车辆续航里程重置与混合动力/电动车辆蓄电池组容量读入。
❿ 执行安全防盗系统部件的编程。

1.2.4 故障速诊：马自达 CX-30 EV 电池管理系统故障诊断

以马自达 CX-30 EV 车型为例，利用诊断仪读取系统故障码，可以针对故障码内容提示及诊断引导进行故障排除，相关信息扫描封底二维码获取。

1.2.5 案例精解：特斯拉 Model S 无法上高压故障排除

▶ **故障现象：**

一辆 85 版本的特斯拉 Model S 电动汽车，车主反映无法启动，无法上高压电。

▶ **维修过程：**

❶ 使用诊断仪连接车辆，读取数据流发现电池包 87 号、88 号电芯电压采样异常，数据流截屏如图 1-49 所示。

图 1-49　数据流异常界面

Model S 85kWh 车型电池包由 16 个完全相同的电池模块组成，共 96S75P，总共 7200 只电芯，如图 1-50 所示。额定电压 355V，电压范围 270～403V，电池组总能量 85kWh。其模组为 6 串 75 并，容量为 232.5Ah，额定电压 22V。

❷ 这次读取的数据流是 87 号、88 号电芯的电压异常，可以判定它是在第 15 个模组里面。

❸ 打开模组以后，经过万用表检测 87 号、88 号模组，电压均为 3.8V，正常。接着排查采集板（BMS），采集板位于电池模组的一侧，如图 1-51 所示。

图 1-50　动力电池包内部模组视图

图 1-51　电池模组侧面的采集板

❹ 经检查发现这个电池电压采集芯片（图 1-52）出现了问题，已经烧坏。更换采集芯片后装车测试。

图 1-52　采集芯片安装位置

❺ 装车后，读取电池包数据，如图 1-53 所示，一切正常。测试车辆，可正常上电行驶。

图 1-53 数据流正常

▶ 故障排除：

更换 BMS 采集芯片。

1.3 高压配电系统（PDU）

1.3.1 结构秒认：新能源汽车高压电缆与接插件

高压系统上所有的高压线都是橙色的，从颜色上一眼即可识别出来。由于电压高且电流大，所以高压线的横截面积较大且使用专用的插头触点。高压线的内部结构，与 12V 车载电网的线也是不同的。

另外，高压线也可能带有防护用的塑料管。在高压系统中，使用的高压线有三种：单芯高压线和双芯高压线（有或者没有安全线）。高压电缆结构如图 1-54 所示。

所有高压接口都需机械式设码，以防错误安装。以奥迪 Q7 e-tron 车型为例，其高压电缆连接器类型如图 1-55 所示。

如图 1-56 所示插头，应用于以下高压部件的连接：用于电驱动 JX1❶ 的电动电源和控制装置；动力电池充电装置 1 AX4❶；高压加热器（PTC）Z115❶；电动空调压缩机 V470❶；动

---

❶ 该插头内有保险电路电桥。

力电池开关盒 SX6。

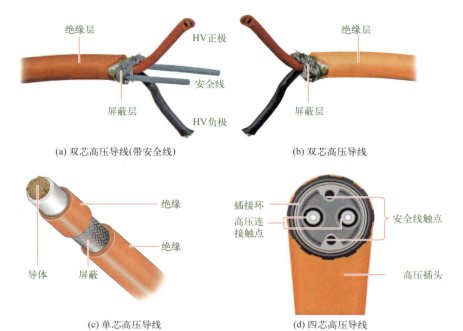

图 1-54 高压电缆结构

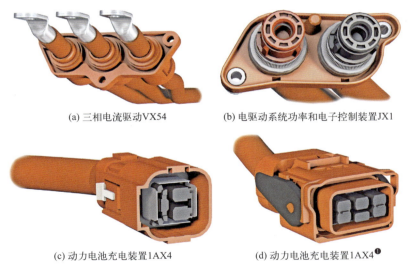

图 1-55 高压插头类型

图 1-56 高压连接器

---

❶ 该插头内有保险电路电桥。

大众 e-Golf 高压电缆到高压组件的走向如图 1-57 所示。

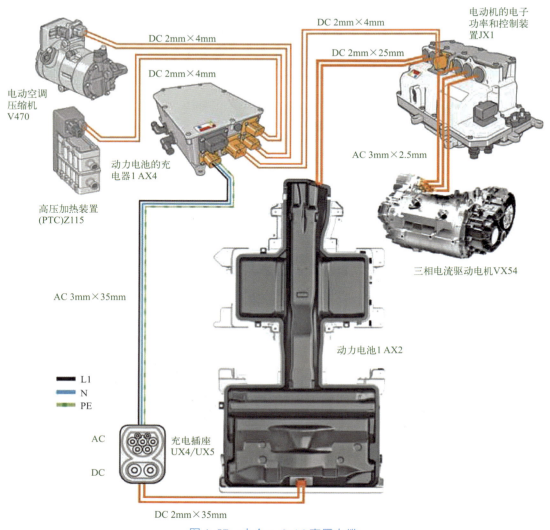

图 1-57　大众 e-Golf 高压电缆

1.3.2　原理秒懂：丰田 bZ3 动力电池供电控制原理

BMC 控制系统主继电器用来连接 / 断开动力电池的高压电路。BMC 还利用系统主继电器的工作监视继电器触点的工作情况。共采用 3 个继电器以确保正常工作，2 个用于正极侧（SMRB 和 SMRP），1 个用于负极侧（SMRG），如图 1-58 所示。

EV 系统切换至 READY：ON 状态时，BMC 依次接通 SMRG 和 SMRP，并通过预充电电阻器施加电流。随后，接通 SMRB 并绕过预充电电阻器施加电流。然后，断开 SMRP。由于受控电流以这种方式首先经过预充电电阻器，从而保护了电路中的触点，避免其因涌流而受损。电路工作方式如图 1-59 所示。

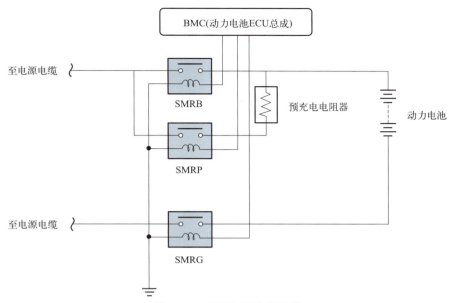

图 1-58　主继电器电路结构

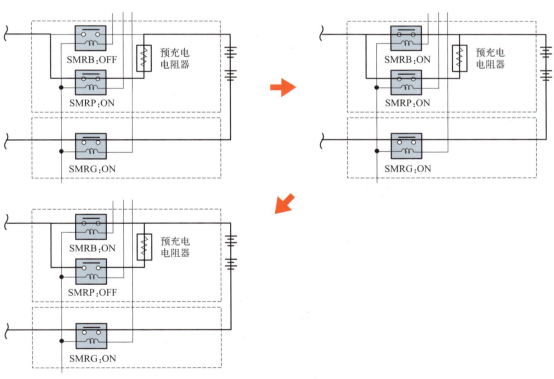

图 1-59　电源继电器控制方式一

EV 控制系统切换至 READY：ON 状态以外的状态时，BMC 首先断开 SMRG。接下来，在确定 SMRG 是否正常工作后，断开 SMRB。然后，在确定 SMRB 是否正常工作后，断开 SMRP。这样，BMC 便可确认相关继电器已正确断开。电路工作方式如图 1-60 所示。

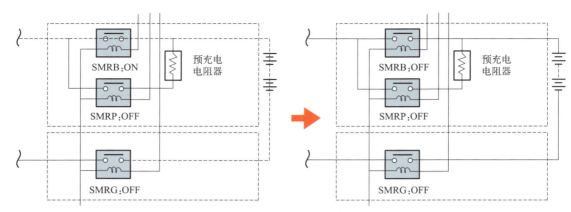

图 1-60 电源继电器控制方式二

1.3.3 部件快拆：现代伊兰特 EV 高压配电箱拆装步骤

❶ 分离辅助蓄电池（12V）负极（-）端子。
❷ 切断高压电路。
❸ 分离高压连接器 A，如图 1-61 所示。

图 1-61 分离高压连接器

❹ 分离高压接线盒连接器 A，如图 1-62 所示。

图 1-62 分离接线盒连接器

❺ 分离动力电池导线 A，如图 1-63 所示。
❻ 分离 EPCU 高压电源导线连接器 A，如图 1-64 所示。

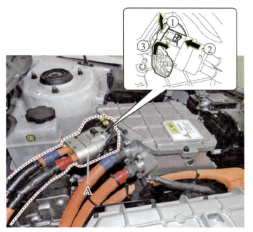

图 1-63　分离动力电池导线

图 1-64　分离 EPCU 连接器

❼ 拧下固定螺栓（规定扭矩：7.8～11.8Nm），并拆卸高压接线盒，如图 1-65 所示。

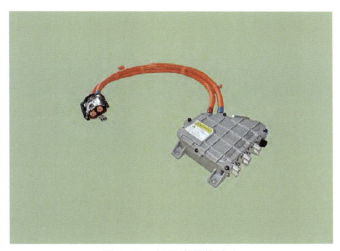

图 1-65　拆下高压接线盒

❽ 按拆卸的相反顺序安装。注意必须在未连接高压连接器的状态下检查端子是否良好。不要强力插入高压连接器。

1.3.4　电路快检：丰田 bZ3 电动汽车双向充配电系统控制端子检测

当充配电系统出现故障时，可以根据需要依据控制器端子的功能定义进行信号（电压或电阻）检测，以此判断线路或控制器是否有问题。以丰田 bZ3 汽车为例，该车 PDU 端子分布如图 1-66 所示，端子定义见表 1-10。

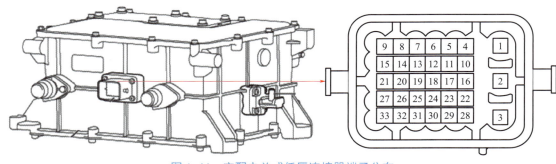

图 1-66 充配电总成低压连接器端子分布

表 1-10 充配电总成低压连接器端子定义

端子	名称	定义
1	+B	12V 常电输入
2	+B	12V 常电输入
3	GND	接地
4	S-DCR	IG3 电源
7	T-CDKL	L 线温度检测
9	DCHS-OUT	高压互锁输出
12	C-DCR	直流充电负极接触器控制信号
14	CC	充电连接确认
19	T-CDKN	N 线温度检测
21	DCHS-IN	高压互锁输入
23	C-DCR +	直流充电正极接触器控制信号
28	GND	接地
30	CP	充电桩连接确认
32	CANH	能量网 CAN-H
33	CANL	能量网 CAN-L

1.3.5 故障速诊：马自达 CX-30 EV 配电系统故障诊断

以马自达 CX-30 EV 车型为例，通过诊断仪读取系统故障码，可以针对故障码内容提示及诊断引导进行故障排除，相关信息扫描封底二维码获取。

1.3.6 案例精解：奥迪 Q2 e-tron 无法进入 READY 状态故障

▶ 故障现象：

一辆行驶里程约 2.5 万公里、配置 EBDA 电机的 2020 年奥迪 Q2 e-tron。该车停放超过

2h 后再打开点火开关时经常出现报电力系统故障，车辆无法进入 READY 状态且无法行车。

> **维修过程：**

❶ 使用诊断仪检查 008C 混合蓄电池管理 J840 内有故障码"P0B1A00：混合动力/动力电池总电压 3 不可信被动/偶发；P0C7800：混合动力/动力电池系统预充电时间过长主动/静态"。出现这种故障现象时再重新开闭一次点火开关后系统就可以正常工作。根据诊断仪"引导型测试计划"提示，删除故障码再试故障是否存在。

❷ 经过反复验证得出该车故障的几个特点：a.故障现象总是在停放几个小时以后，在第 1 次打开点火开关时出现；b.车辆在行驶过程中一切是正常的；c.只要给低压 12V 车载电网持续接上充电器，则故障不再出现。结合故障出现时经常伴有动力电池系统预充电时间过长的故障码现象，初步分析是打开点火开关后高压系统在规定时间内预充电压不足导致出现 P0B1A00 故障码，所以仪表报警无法供电；接着第 2 次打开点火开关后，由于有第 1 次预充电压残留，所以可以正常工作。

该车高压供电特点为打开点火开关后，动力电池管理控制单元 J840 控制配电盒 SX6 闭合预充电接触器给功率控制单元内的电容充电，在规定时间内功率控制单元的电容电压和动力电池电压一致时闭合蓄电池的主接触器，给整个高压系统供电。同时如果 12V 车载电网电压低，打开点火开关后也会通过功率控制单元 JX1 给 12V 车载电网供电，使预充电时间延长。

因为给 12V 车载电网一接上充电器故障就不再出现，初步分析可能原因有：a.12V 蓄电池电量存储能力下降或是车辆存在静电流，导致在停放过程中 12V 车载电网电压下降较大；b.功率控制单元内部的电容或控制电路存在故障，导致在规定时间无法将电压充到动力电池电压值；c.配电盒 SX6 内的预充接触器或是预充保护电阻存在故障。

❸ 用电流钳检查了一下静电流在 45mA 左右，正常。

❹ 与其他正常车辆替换了 12V 蓄电池，结果故障没有出现转移，说明故障原因不在低压电网。

❺ 由于此车前段时间因其他故障刚更换过功率控制单元 JX1，综合分析认为是高压配电盒 SX6（部件装配图如图 1-67 所示）存在故障的可能性比较大。

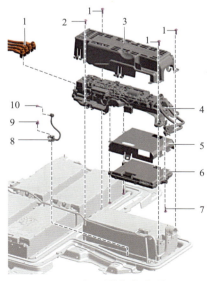

1—高压导线；2—螺栓（拆卸后更换，共 4 个，8Nm+45°）；3—盖板；4—动力电池开关盒 SX6；5—屏蔽件；6—动力电池管理控制单元 J840；7—螺栓（拆卸后更换，共 3 个，力矩：8Nm+45°）；8—接地线；9—螺母（力矩：9Nm）；10—螺栓（力矩：2Nm）

图 1-67　高压配电盒装配图

▶ 故障排除：

更换高压配电盒后，试车正常。

1.4 高压安全系统

1.4.1 原理秒懂：本田 M-NV 高压互锁（HVIL）

高压互锁（high voltage inter-lock，HVIL），是用低压信号监视高压回路完整性及连续性的一种安全设计方法。高压互锁设计能识别高压回路是否异常断开或破损，及时断开高压电。理论上，低压监测回路比高压先断开，后接通，中间保持必要的提前量，时间长短可以根据车型具体策略确定。

整车所有高压连接器的连接位置，都需有高压互锁信号回路，但互锁回路与高压回路不具有必然的联系。整车上高压，电器 A 和电器 B 构成一个完整回路。但高压互锁设计，可能对 A 电器设置一个单独的互锁信号回路，同时给 B 电器也单独设置一个互锁信号回路；也可能把 A 和 B 的互锁信号串联在一个回路中。即互锁回路可设计成并联模式，也可设计成串联模式。

整车高压系统以动力电池作为电源，低压回路同时也需要一个检测用电源，让低压信号沿着闭合的低压回路传递。低压信号中断，说明某一个高压连接器有松动或者脱落。在高压互锁信号回路基础上，设计监测点或监测回路，负责将高压互锁信号回路的状态传递给整车控制器（VCU）。以本田 M-NV 车型为例，高压互锁回路如图 1-68 所示。

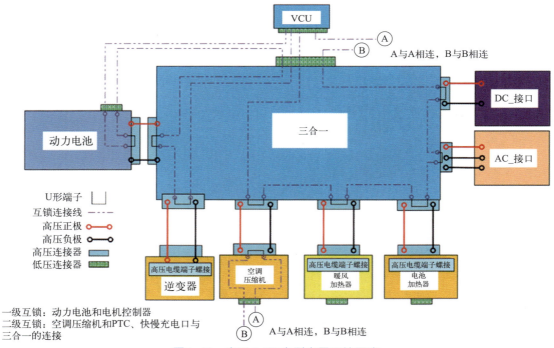

图 1-68 本田 M-NV 车型高压互锁回路

1.4.2 原理秒懂：奔驰混合动力汽车互锁电路原理

互锁电路用于保护高压车载电气系统的操作人员。互锁电路检测高压车载电气系统中断路的连接器电路。如果互锁电路中断，则会导致动力电池模块中的保护开关断开，高压车载电气系统关闭。

由于高压部件中包括电容器，因此断开保护开关时，高压车载电气系统的电压不会立即变为零。为此，高压电部件中包括一项主动快速放电功能，可在2～5s内将高压车载电气系统的电压降至60V以下。

高压互锁的工作原理如下。

❶ 互锁信号作为导通环跨所有高压部件及其连接点布置。发现不导通或短路时，即隔离或切断所有高压源。

❷ 互锁信号设计为双极性以区分对地短路和对电源短路。

❸ 两个数字互锁信号电平与车载电气系统电压相同，即0V和蓄电池正极电压。

❹ 交流频率（88Hz）设计时采用了较低频率，旨在防止EMC干扰。

❺ 互锁电路由高压部件蓄电池管理系统提供和评估。

❻ 其他激活的高压源，如电源电子装置和DC-DC变换器，单独评估互锁信号。

如图1-69所示为奔驰S400H混动汽车互锁回路，绿色线路为互锁电路。

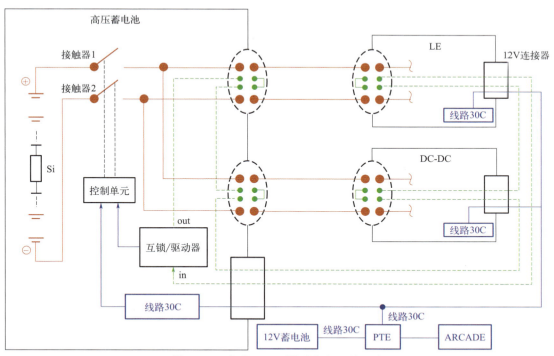

图1-69　奔驰S400H混动汽车互锁回路

互锁信号（12V/88Hz）在蓄电池管理系统BMS控制单元中产生，并通过串联连接传送至以下部件：DC-DC转换器控制单元、电力电子控制单元、电动机、电动制冷剂压缩机、充电装置（插电混合动力）、高压 PTC 加热器（插电混合动力）。

1.4.3 原理秒懂：丰田 bZ3 动力电池包绝缘检测电路原理

动力电池包泄漏检测电路内置于动力电池的高压安全控制器（HVSU）总成中。泄漏检测电路持续监视高压电路和车身搭铁之间的绝缘电阻保持不变。

BMC 根据采集的信息判断绝缘阻值降低。绝缘检测电路根据检测需要来控制检测开关的闭合，以实现不同状态下电压的测量工作。BMC 通过这些电压值求解出绝缘电阻。电路原理如图 1-70 所示。

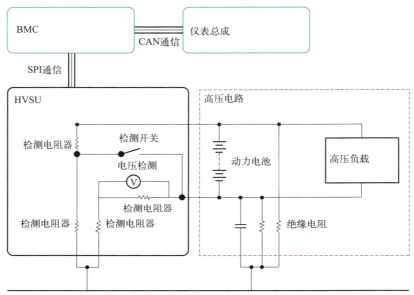

图 1-70　绝缘检测电路

如果车辆发生下述碰撞，BMC 通过断开系统主继电器来切断电源，以确保安全。在碰撞过程中，BMC 接收来自空气囊 ECU 总成的空气囊展开信号。碰撞保护电路如图 1-71 所示。

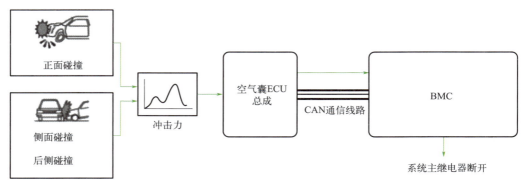

图 1-71　碰撞高压切断电路

1.4.4 设置技巧：现代伊兰特 EV 高压断开程序

❶ 将点火开关转至 OFF 位置，并分离辅助蓄电池负极（-）端子。
❷ 拆卸后座垫。
❸ 拆卸维护盖 A，如图 1-72 所示。

图 1-72　拆卸维护盖

❹ 拆卸安全插头 A，如图 1-73 所示。

图 1-73　拆卸安全插头

按如图 1-74 所示顺序拆卸安全插头。

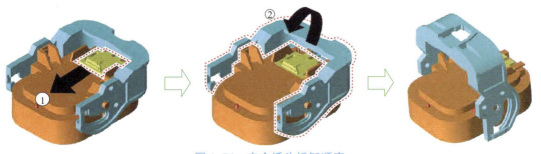

图 1-74　安全插头拆卸顺序

❺ 等待 5min 以上，以便高压系统内的电容器完全放电。

❻ 测量逆变器端子之间的电压，检查逆变器内电容器是否完全放电。

a. 举升车辆。

b. 拧下固定螺栓，并拆卸动力电池组下盖 A，如图 1-75 所示。动力电池组下盖固定螺栓：29.4～39.2Nm。

c. 拆卸高压导线 A，如图 1-76 所示。

图 1-75　拆卸动力电池下盖

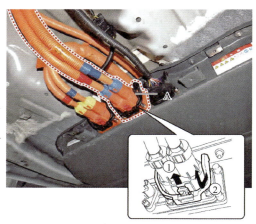

图 1-76　拆卸高压导线

d. 测量逆变器端子之间的电压，如图 1-77 所示。低于 30V，高压电路正常切断；超过 30V，高压电路故障。如果测量的电压值超过 30V，即使安全插头被正常拔出，高压电路也可能存在严重的问题。此时，检查故障代码，且禁止碰触高压系统。测量电路原理图如图 1-78 所示。

图 1-77　测量逆变器端子间电压

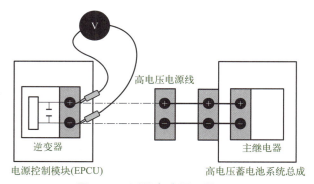

图 1-78　测量电路原理图

1.4.5　设置技巧：大众 ID.3 高压断开与重连方法

❶ 挂入 P 挡，拉上电子手刹。

❷ 准备绿色警示牌和警示隔离带。

❸ 按以下方式进入高压系统断电程序：
a. 连接笔记本车辆诊断系统 VAS 6150X 系列；
b. 进入"检测计划"；
c. 进入"选择自己的检测计划"；
d. 进入"高压电系统，综合功能"；
e. 进入"实现高压断电"；
f. 进入"加入检测计划"。

❹ 严格遵从诊断仪提示一步步进行操作，在此过程中会要求断开高压系统保养插头 TW。

❺ 确认断电后用普通锁锁止高压系统保养插头 TW，以确保高压系统不会被重新接通。而后妥善保管车辆钥匙和普通锁的钥匙。

❻ 成功执行断电，确认已经断电后应在挡风玻璃处放置绿色警示牌（高压断电状态牌）以表明车辆已经断电。

❼ 按以下方式进入高压系统上电程序：
a. 连接笔记本车辆诊断系统 VAS 6150X 系列；
b. 进入"检测计划"；
c. 进入"选择自己的检测计划"；
d. 进入"高压电系统，综合功能"；
e. 进入"重新启用高压系统"；
f. 进入"加入检测计划"。

❽ 严格遵从诊断仪提示一步步进行操作，在此过程中会要求重新连接高压系统保养插头 TW。

❾ 成功执行上电后，应在挡风玻璃处放置黄色警示牌（新能源车辆示意牌）。

1.4.6 电路速检：新能源汽车绝缘电阻测量方法

❶ 绝缘电阻测量仪器连接（以 FLUKE1587 为例）：
a. 将表笔连接到绝缘电阻测量仪器的橙色绝缘测量插孔内；
b. 将挡位旋钮转到 50～1000V 绝缘阻值测试挡位，如图 1-79 所示。

❷ 绝缘电阻测量仪器的设置与使用（以 FLUKE1587 为例）：
a. 按动测量范围调整按钮将施加电压调整到 500V；
b. 使用正极表笔上的测量按钮或仪表上的绝缘测量按钮进行测量，如图 1-80 所示。

❸ 在车上或高压电设备上用正确方法进行测量（以 FLUKE1587 为例）：
a. 一支表笔连接车身接地；

图 1-79　仪器测量挡位

图 1-80　测量按钮操作位置

b. 将另一支表笔接到高压部件的正极端并进行测量;

c. 之后,将表笔再次连接到高压部件的负极端并进行测量。当对动力电池测量时需连接专用适配器,并在适配器上进行测量,如图 1-81 所示。

图 1-81　通过适配器测量动力电池

❹ 在车上或高压电设备上进行测量的错误方法(以 FLUKE1587 为例),如图 1-82 所示:
a. 只能当高压系统断开后进行测量;
b. 绝对不允许对正极与负极之间测量绝缘阻值,这样可能会损坏这个部件。

图 1-82　错误的测量方式

1.4.7　案例精解:奔驰混合动力车互锁电路故障诊断与维修

▶ **故障现象:**

高压互锁系统故障出现时,一般情况下会伴随故障码 0A0E00 出现在相关高压电电脑中,故障码状态为当前。诊断仪显示信息如图 1-83 所示。

Code	Text	Status
0A0E00	The interlock circuit of the high-voltage on-board electrical system has a sporadic malfunction.	Current and stored

图 1-83　故障码信息（诊断界面）

▶ **故障分析：**

根据我们对当前案例的统计，以下是会造成当前状态的故障码 0A0E00 出现的几种情况：
- 高压相关电脑升级；
- 高压线路断开检测；
- 控制单元没有通信"！"或控制单元损坏；
- 高压互锁线路故障。

▶ **维修过程：**

❶ 以奔驰 S400H 为例，我们从实际值中可以发现，互锁电路状态为故障，动力电池内部接触器是打开的，高压车载电器系统的电压不正常。检测数据流如图 1-84 所示。

Control unit: BMS221

No.	Name	Specified value	Actual values	Unit
048	Charge level of high-voltage battery	[28...90]	55	%
042	Voltage of high-voltage battery	[117.10...143.5-0]	128.16	V
045	Amperage of high-voltage battery	[-200.00...200.-00]	-0.06	A
041	Voltage of high-voltage on-board electrical system	[48.00...150.00]	14.88	V
040	Supply voltage of control module (Terminal 30)	[11.0...14.5]	11.4	V
044	Voltage at terminal 30c	[11.0...14.5]	12.1	V
085	Status of contactors		OPEN	
086	Y19/1 (High-voltage battery cooling system shutoff valve)		CLOSED	
038	Status of signal generator for interlock circuit	OK	OK	
039	Status of interlock circuit	NO FAULT	FAULT	
087	Isolation resistance	>= 1000	5000	kOhm
091	Remaining switching cycles of contactors	>= 1000	197400	
2000	Transport protection	TRANSPORT PROTECTION DETACHED	TRANSPORT PROTECTION DETACHED	

图 1-84　数据流分析界面

❷ 根据故障码引导，首先检查插头位置（如图 1-85）。安装时要注意重要提示，按规定扭矩拧紧螺钉。

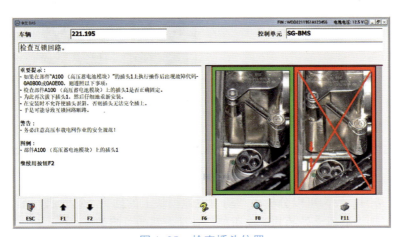

图 1-85　检查插头位置

❸ 如果高压线连接正常，根据故障引导进行高压电网断电后，测量动力电池模块上的插头 2 第 6 脚与第 12 脚的阻值，规定值为 50～70Ω，实车测量结果为 62.9Ω，如图 1-86 所示。

图 1-86　测量端子阻值

如果测量值不在范围内，引导会将互锁电路分段测量阻值，最终得出结论。因为篇幅限制，我们不在这里详细介绍每一步骤。引导测试界面如图 1-87 所示。

图 1-87　引导测试界面

❹ 根据电路图，我们可以分析出，动力电池模块上的插头 2 第 5 脚与第 12 脚之间的阻值，实际是除了动力电池之外的其他高压部件互锁电路的总阻值。

为了能更好地理解，参看下面的简图（对应的插头针脚已标出），如图 1-88 所示。

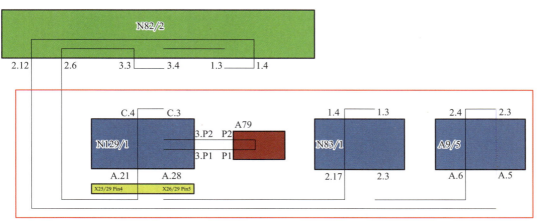

图 1-88　互锁电路图

根据上面的简图,我们可以很容易地将互锁电路分成几大块分别进行测量:
- 连接线路;
- A100 动力电池模块上的插头 2pin6 与 pin12;
- X26/29 pin 4 与 pin 5;
- N129/1 插座 Apin21 与 Apin28;
- N83/1 插座 2pin3 与 pin17;
- A9/5 插座 Apin5 与 Apin6。

❺ X26/29 第 4 脚与第 5 脚的实际位置如图 1-89 所示,规定值 25～35Ω,实车测量值 30.9Ω,如图 1-90 所示。

图 1-89　X26/29 引导检测端子位置

图 1-90　X26/29 实车检测参考值

❻ N129/1 插座 A 第 21 脚与 A 第 28 脚如图 1-91 所示，规定值 25～35Ω，实车测量值 30.8Ω，如图 1-92 所示。

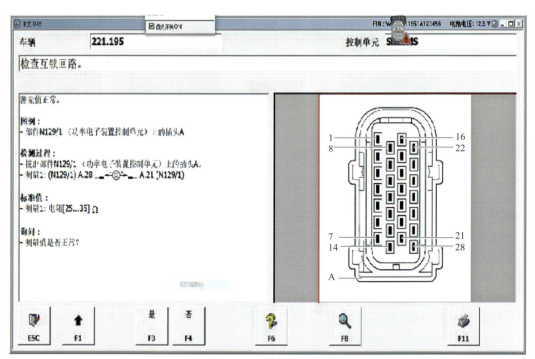

图 1-91　N129/1 引导检测端子位置

图 1-92　N129/1 实车检测参考值

❼ N83/1 插座 2 第 3 脚与第 17 脚如图 1-93 所示，规定值 25～35Ω，实车测量值 29.6Ω，如图 1-94 所示。

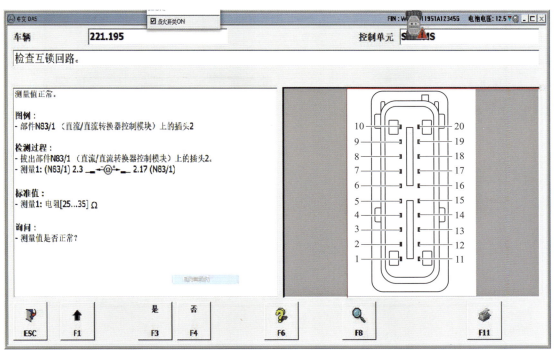

图 1-93　N83/1 引导检测端子位置

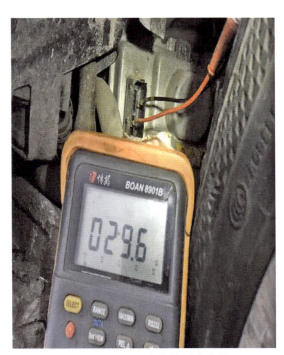

图 1-94　N83/1 实车检测参考值

❽ A9/5 插座 A 第 5 脚与 A 第 6 脚，如图 1-95 所示。规定值 < 2Ω，实车测量值 1.6Ω，如图 1-96 所示。

图 1-95　A9/5 引导检测端子位置

图 1-96　A9/5 实车检测参考值

最后，关于动力电池内部的互锁电路，内部结构连接到信号产生及评估模块，所以测量值无法参考。并且故障码引导中也没有测量动力电池内部互锁的步骤和规定值。

1.4.8　案例精解：大众宝来 BEV 动力电池模组绝缘故障排除

▶ 故障现象：

车辆仪表电驱动红色报警，显示"故障：电力驱动系统。请立即停车"，如图 1-97 所示，车辆可行驶。

图 1-97　仪表提示故障信息

▶ **维修过程：**

❶ 首先确认故障状态，打开点火开关，车辆仪表报警，故障再现。

❷ 检查车辆外观及底盘下部无外力损伤。

❸ 使用 VAS6150 诊断分析，各电控单元网联图可见，共计 15 个控制单元都存在故障。综合分析所有电控单元故障码信息，运用引导性功能，逐一分析各个电控系统。确认核心故障控制单元 J840-8C 系统绝缘故障。

❹ 动力电池包蓄电池调节控制单元 J840 读出故障信息，如图 1-98 所示。

图 1-98　动力电池包故障信息

故障核心信息是控制单元 8C（混合动力蓄电池管理控制单元）中有 3 个故障码：

● 0A53D 42301 P0E7400 混合动力、动力电池内部绝缘故障；

- 0A53F 42303 P0AA600 混合动力、动力电池系统绝缘故障；
- 0AS41 42305 P0E7400 混合动力、动力电池系统绝缘故障。

❺ 运用 VAS6150、VAS6558/9、METRA HIT 进行高压测试系统测试。

整车层面绝缘电阻检测：首先断开 TW 服务插头，连接 VAS6558/9 适配器实测高压系统绝缘电阻，HV+ 接地：3.07MΩ；HV- 接地：3.06MΩ。

❻ 电池开盖，进行电池层面高压系统检测。断开 BMCE，测量 BMCE 端绝缘电阻：HV+ 对地，OL；HV- 对地，OL。断开 BMCE，测量模组端：HV+ 与 HV 之间电压为 352.4V；HV+ 与地之间电压为 32.7V（正常为绝缘状态，测试表显示为 0V 左右）；HV 与地之间电压为 310.6V（正常为绝缘状态，测试表显示为 0V 左右）。

由此可判定：BMCE 前的高压系统存在对地短路点。

❼ 模组层面检测：逐一断开模组排查故障点，确定 3 号模组内部电芯存在对地短路点，3 号模组测量：HV+ 与地之间电压为 11.5V（正常为 0V 左右），HV- 与地之间电压为 9.2V（正常为 0V 左右）。拆掉 3 号模组，发现模组底部有鼓包现象，如图 1-99 所示。

图 1-99 动力电池模组鼓包受损

▶ **故障排除：**

更换动力电池包 3 号模组。

第 2 章

充电系统

2.1 交流充电

原理秒懂：本田雅阁 PHEV 交流充电电路原理

通过充电电缆将外部电源连接到车辆上，插入式充电系统可为动力电池充电。

蓄电池充电器内置蓄电池充电控制模块，该模块集成了 OBC（车载充电器）。

外部电源通过充电电缆连接到充电入口时，蓄电池充电器通过充电入口的电阻值变化来检测连接情况。当蓄电池充电器检测到外部电源发出的 CPL 信号时，蓄电池充电器会向仪表控制模块发送唤醒信号，以确定是否设置了充电定时器。如果未设置充电定时器，仪表控制模块会立即向蓄电池充电器发送充电请求。如果已设置充电定时器，仪表控制模块会在设置的时间向蓄电池充电器发送充电请求，以便开始充电。仪表控制模块向蓄电池状态监视器模块发送动力电池电路连接请求。然后，蓄电池状态监视器模块连接动力电池电路，开始充电。充电过程中，蓄电池状态监视器模块与蓄电池充电器为控制目的进行通信，以便根据动力电池的状态为蓄电池模块正确充电。交流充电连接电路如图 2-1 所示。

在极端低温下，插入式充电和车辆启动禁用，以保护动力电池。

车辆需等待蓄电池预热，以在极端低温或高电量（SOC）时保护动力电池。

在车辆停车时加热动力电池，防止动力电池的温度下降到需要车辆等待且无法启动的范围。

使用插入式充电时，动力电池使用外部电源的电力来预热。

不使用插入式充电时，使用车辆动力电池的电力来预热动力电池，因此电量（SOC）降低。

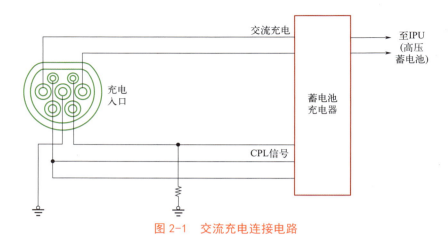

图 2-1　交流充电连接电路

2.1.2 设置技巧：大众 ID.6X 交流充电插座应急解锁方法

当交流充电时，充电枪被高压充电插头锁止装置 1 的伺服元件 F498 锁止。如果高压充电插头锁止装置 1 的伺服元件 F498 损坏，则充电完成后充电枪将无法拔出。

紧急情况下可以先尝试机械解锁。如未能解锁，拆离高压充电插头锁止装置 1 的伺服元件 F498 以实现解锁。

方法一：机械解锁。

❶ 打开后部行李箱。
❷ 如图 2-2 所示沿箭头方向旋转解锁装置 1，打开饰板。
❸ 如图 2-3 所示沿箭头方向拉动紧急解锁拉线 1。

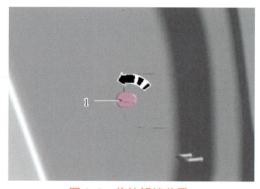
图 2-2　旋转解锁装置

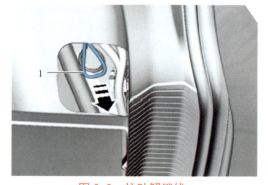
图 2-3　拉动解锁线

方法二：拆离高压充电插头锁止装置 1 的伺服元件 F498。

❶ 断开高压系统的电压。
❷ 拆卸充电口盖模块。
❸ 拆卸右后车轮。
❹ 拆卸右后轮罩内板。

❺ 如图 2-4 所示旋出螺栓（箭头处）（拧紧力矩：3.0Nm）。
❻ 如图 2-5 所示旋出螺栓（箭头处）（拧紧力矩：3.0Nm）。
❼ 取出动力电池充电插座（UX4）及支架。

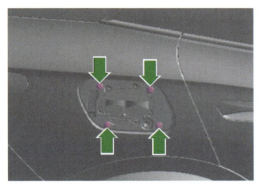

图 2-4　旋出 4 个螺栓

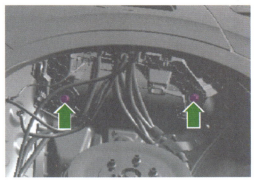

图 2-5　旋出 2 个螺栓

❽ 沿箭头方向按压卡子，将动力电池充电插座（UX4-1）从支架 2 上脱开，如图 2-6 所示。
❾ 将充电插座向下翻转到车轮罩内。
❿ 如图 2-7 所示脱开紧急解锁拉线 1。

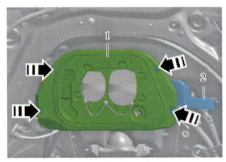

图 2-6　取出充电插座

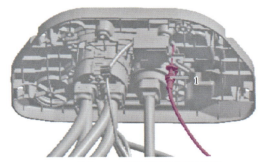

图 2-7　脱开紧急解锁接线

⓫ 旋出螺栓（箭头处）（拧紧力矩：1.2Nm），拆离高压充电插头锁止装置 1 的伺服元件 F498-1，如图 2-8 所示。

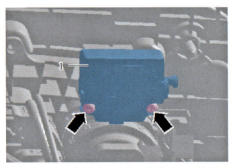

图 2-8　拆离解锁装置的伺服元件

高压充电插头锁止装置 1 的伺服元件 F498-1 无单独配件。若损坏，需更换整个动力电池充电插座（UX4）。

2.1.3 案例精解：宝马 iX3 电动汽车交流充电故障排除

▶ 故障现象：

一辆行驶里程约为 1.2 万公里宝马 iX3 电动车，车主反映，使用家里安装的交流充电墙盒对车辆进行充电，充一会儿后，仪表盘就会报"传动系统有异常"，见图 2-9，然后充电口指示灯熄灭。此时，车辆无法进入 READY（准备就绪）状态。

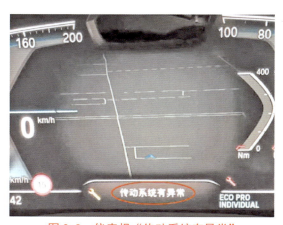

图 2-9　仪表报"传动系统有异常"

▶ 维修过程：

❶ 用万用表测量低压蓄电池的电压，仅为 5V 左右。

❷ 用蓄电池测试仪对低压蓄电池进行检测，显示蓄电池已损坏。

❸ 更换低压蓄电池后，多次使用交流慢充、直流快充对车辆进行充电，均没有出现故障，于是交车给车主。

❹ 车主回家后使用壁挂式交流充电器对车辆进行充电，大约 10min 后充电中断，仪表盘报"传动系统有异常"，同时车辆无法进入 READY 状态，车主联系当地的修理厂检修。修理厂维修人员尝试给低压蓄电池断电，断电复位后试车，车辆充电恢复正常。此时，使用直流充电桩对车辆进行充电，充电一切正常。

❺ 2020 款宝马 iX3 纯电动车的充电模块为联合充电单元（CCU），其内部包含 3 个整流器电路，如图 2-10 所示。使用交流慢充时，CCU 内部的整流器电路，负责将输入的交流电转变为直流电，继而给动力电池充电。而使用直流快充时，CCU 只负责信号处理，外部直流充电桩直接给动力电池进行充电。由于该车在家里交流慢充时才会出现故障，而在维修车间进行交流慢充、直流快充测试时，均没有发现问题，怀疑是安装的壁挂式交流充电器出了问题，于是让车主联系交流充电器安装服务商进行检查。

经过检查，交流充电墙盒的供电电压不存在问题。为了排除交流充电墙盒存在间歇故障，尝试更换交流充电墙盒后试车，故障依旧。

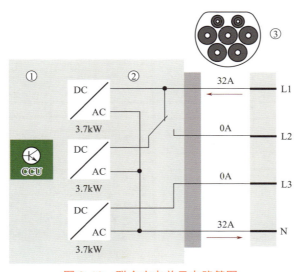

图 2-10 联合充电单元电路简图

1—联合充电单元（CCU）；2—整流器；3—交流充电口

❻ 使用同款试乘试驾车测量交流充电墙盒的供电电压，空载时为 250V 左右，正常。使用交流充电墙盒对试乘试驾车进行充电，测得的供电电压稳定在约 234V，正常。对试乘试驾车充电约 1h，充电正常。当给故障车进行充电时，几分钟后充电口指示灯由蓝色闪烁变为蓝色与橙色交替闪烁。同时交流充电墙盒和 CCU 内的接触器传出吸合、断开的声音，反复三四次后，充电口指示灯熄灭，充电停止。此时仪表盘报传动系统故障，同时显示充电中断。拔下充电枪，进入车内，踩下制动踏板，按下启动按钮，车辆无法进入 READY 状态。

❼ 用故障检测仪（ISTA）检测，发现 CCU 无法通信，见图 2-11。根据检测计划检查位于右前配电盒内 CCU 供电熔丝（熔丝 F33、熔丝 F56）的电压，均约为 12V，正常。对低压蓄电池进行断电，再次用 ISTA 检测，CCU 恢复正常通信。

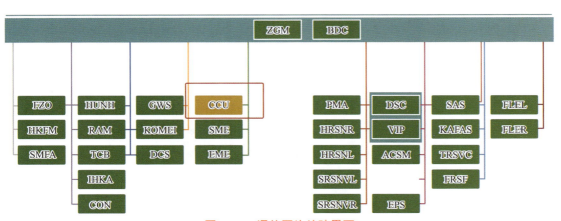

图 2-11 通信网络故障界面

❽ 调取充电时的 CCU 数据流，如图 2-12 所示，发现一开始可以识别到 PP 信号（充电连接确认信号）和 CP 信号（充电控制引导信号），CCU 内第 1 整流器的输入电压从 0V 上升到 252V，但最后又降为 0V，而第 2 整流器的输入电压则未达到 252V 就已中断。综合上述

检查，判断为 CCU 损坏。

充电电子单元

	1	2	3
状态	待机模式	待机模式	待机模式
充电功率	0 W	0 W	0 W
相位	-	开关断开	-
输入电压（交流）	21 V	20 V	0 V
输入端上的电流（交流）	0.0 A	0.0 A	0.0 A
输出端上的电流（直流）	0.0 A	0.0 A	0.0 A

高压充电接口

- 充电插头识别器（信号名 LD_PP） 充电插头已插入
- 信号（信号名 LD_CP） 检测到信号，有充电就绪状态

充电电子单元

	1	2	3
状态	充电模式的初始化设置完成	待机模式	待机模式
充电功率	0 W	0 W	0 W
相位	-	开关断开	-
输入电压（交流）	252 V	0 V	0 V
输入端上的电流（交流）	0.0 A	0.0 A	0.0 A
输出端上的电流（直流）	0.0 A	0.0 A	0.0 A

高压充电接口

- 充电插头识别器（信号名 LD_PP） 充电插头已插入
- 信号（信号名 LD_CP） 检测到信号，无充电就绪状态

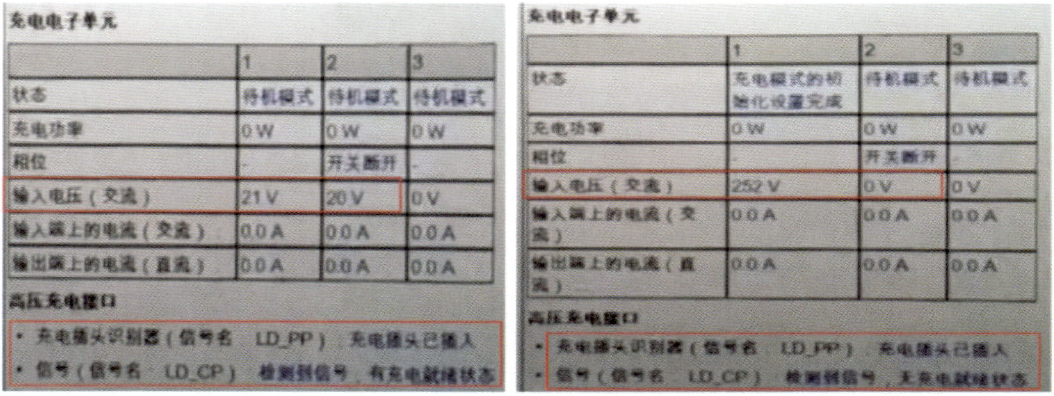

图 2-12　CCU 数据流分析

故障排除：

更换联合充电单元（CCU）后反复试车，上述故障未再出现，至此故障排除。

2.2　直流充电

2.2.1　原理秒懂：丰田 bZ3 直流充电电路原理

以丰田 bZ3 为例，该车采用了符合电动车辆 GB/T 直流充电标准的插电式充电控制系统（直流充电）。

插电式充电控制系统（直流充电）可以使用直流充电器连接器（直流充电插口电缆）、主继电器（SMR）、直流充电继电器（DCRB、DCRG）、整车控制器快速为动力电池充电。硬件连接如图 2-13 所示。

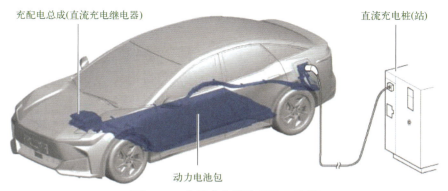

图 2-13　直流充电系统连接示意图

考虑到直流充电器根据充电时间设定充电费用，可以在车辆上设定充电容量上限。

快充系统采用了直流充电继电器诊断功能，可在充电前后检查直流充电继电器（DCRB、

DCRG）的功能。如果检测到故障，则 BMC 停止充电。通过插电式充电控制系统（直流充电）充电时，空调、音响系统等内部设备仍可使用。插电式充电控制系统（直流充电）可通过云服务使用手机 APP 检查充电容量。

BMC 根据直流充电器的输出电流和输出电压控制插电式充电控制系统（直流充电）。

电源开关置于 OFF 位置后，将充电连接器连接到直流充电器连接器（直流充电插口电缆）并按下直流充电器上的启动按钮时，BMC 会自动与直流充电器进行信息交换，并向直流充电器发送充电允许信号。BMC 接收到来自直流充电器的充电允许信号后，将启动直流充电继电器（DCRB、DCRG）并为动力电池充电。直流充电原理方框图如图 2-14 所示。

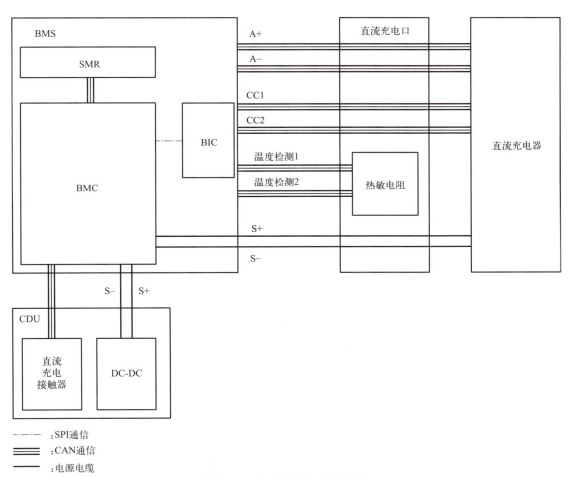

图 2-14　直流充电原理方框图

2.2.2　电路速检：别克微蓝 7 电动汽车直流充电端子检测方法

（1）将车辆熄火，并关闭所有车辆系统。所有车辆系统断电可能需要 2min。测量直流充电插座处的充电控制装置信号 3 和搭铁之间的电阻是否为 1kΩ 左右。

1）如果远大于 1kΩ，继续做以下检测。

❶ 断开 K114B 充配电总成处的 X1 线束连接器，端子分布见图 2-15。

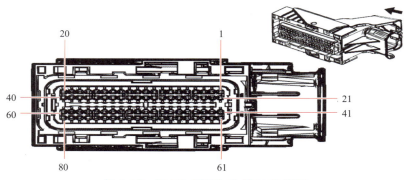

图 2-15　K114B 充配电总成 X1 连接器

❷ 测试下列端子之间的充电控制装置信号电路端到端电阻是否为 2Ω。K114B 充配电总成端子 X1-44 和直流充电插座 3 之间电阻：
- 如果等于或大于 2Ω，则修理电路中的开路 / 电阻过大故障；
- 如果小于 2Ω，则更换 K114B 充配电总成。

2）如果远小于 1 kΩ，继续做以下检测。

❶ 断开 K114B 充配电总成处的 X1 线束连接器。

❷ 测量充电控制装置信号 3 电路和搭铁之间的电阻是否为无穷大。
- 如果电阻为无穷大，则更换 K114B 充配电总成。
- 如果电阻不为无穷大，则修理电路中的对搭铁短路故障。

3）如果在规定范围内，进入步骤（2）。

（2）测试直流充电插座处的交流电压搭铁端子 3 和搭铁之间的电阻是否小于 10Ω。

1）如果等于或大于 10Ω，继续做以下检测。

❶ 断开 T18 蓄电池充电器的 X2 线束连接器。

❷ 测试低电平参考电压电路端到端电阻是否小于 2Ω：
- 如果等于或大于 2Ω，则更换直流充电插座；
- 如果小于 2Ω，则更换 T18 蓄电池充电器。

2）如果小于 10Ω，进入步骤（3）。

（3）车辆置于维修模式。

（4）测试直流充电插座处的控制引导信号端子和搭铁之间的电压是否为 6V 左右。

1）如果高于 6V，继续做以下检测。

❶ 将车辆熄火，断开 K114B 充配电总成处的 X2 线束连接器。车辆置于维修模式。

❷ 测试控制引导信号电路和搭铁之间的电压是否为 6V 左右：
- 如果高于 6V，则修理电路中的对电压短路故障；
- 如果低于 6V，则更换 K114B 充配电总成。

2）如果低于 6V，进入步骤（5）。

（5）测试信号电路端子和搭铁之间的电压是否为 11～12V。

1）如果低于 11V，继续做以下检测。

❶ 将车辆熄火，断开直流充电插座处的 X1 线束连接器。车辆置于维修模式。

👉 **注意：** 在直流充电插座的车辆线束连接器处执行以下测试。

❷ 测试控制电路端子和搭铁之间的电压是否等于或高于12V。如果低于12V，继续做以下检测。

a. 车辆熄火，断开K190电源管路通信模块处的X1线束连接器，端子如图2-16所示。

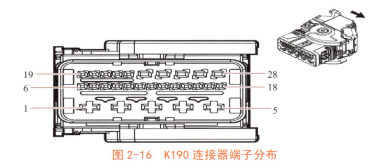

图2-16 K190连接器端子分布

b. 测试信号电路端子5和搭铁之间的电阻是否为无穷大。如果电阻不为无穷大，则修理电路中的对搭铁短路故障。

c. 如果电阻为无穷大，测试信号电路端到端电阻是否小于2Ω：
- 如果等于或大于2Ω，则修理电路中的开路/电阻过大故障；
- 如果小于2Ω，则更换K190电源管路通信模块。

d. 如果等于或高于12V，则更换直流充电插座。

2）如果高于12V，继续做以下检测。

❶ 将车辆熄火，断开直流充电插座处的X1线束连接器。车辆置于维修模式。

👉 **注意：** 在直流充电插座的车辆线束连接器处执行以下测试。

❷ 测试信号电路端子4和搭铁之间的电压是否大于12V。如果高于12V，继续步骤a、步骤b。

a. 车辆熄火。断开K190电源管路通信模块线束连接器；

b. 车辆置于维修模式。测试信号电路端子4和搭铁之间的电压是否低于1V：
- 如果等于或高于1V，则修理电路中的对电压短路故障；
- 如果低于1V，则更换K190电源管路通信模块。

❸ 如果在小于12V，测试信号电路端子4和低电平参考电压电路端子3之间的电阻是否大于为1000Ω：
- 如果不在规定范围内，则更换直流充电插座；
- 如果在规定范围内，则更换K190电源管路通信模块。

3）如果在11～12V以内，进入步骤（6）。

（6）解除高压，以便维修T24蓄电池充电器。

👉 **注意：** 在直流充电插座表面，而非其线束连接器处执行以下测试。

（7）测试直流充电插座处下列端子之间的电阻是否为无穷大。

- 高压直流正极端子 DC+ 和高压直流负极端子 DC-。
- 控制引导信号电路端子 3 和临近状态信号电路端子 4。
- 如果电阻不为无穷大，更换直流充电插座。
- 如果电阻为无穷大，进入步骤（8）。

（8）测试下列端子之间的电阻是否小于 10Ω：
- 直流充电插座处的高压直流正极端子 DC+ 和端子 AX2；
- 直流充电插座处的高压直流负极端子 DC- 和端子 BX2；
- 如果等于或大于 10Ω，更换直流充电插座；
- 如果小于 10Ω，进入步骤（9）。

（9）断开直流充电插座处的 X1 线束连接器。

注意： 在直流充电插座面处，而非其线束连接器处执行以下测试。

（10）测试直流充电插座处的交流电压搭铁端子 3 和临近状态信号电路端子 4 之间的电阻是否为 1kΩ。
- 如果不在规定范围内，更换直流充电插座；
- 如果在规定范围内，执行步骤（11）。

（11）更换 T24 蓄电池直流充电器。

2.2.3 案例精解：别克微蓝 6 电动汽车充电后无法启动故障

▶ 故障现象：
车辆在充电站充电后无法启动。

▶ 维修过程：

❶ 关闭点火开关后，锁上车辆，过 5min 后重新启动车辆，依然无法启动。

❷ 尝试断开低压蓄电池负极 5min，再装回去，依然无法启动车辆。仪表上红色的检修车辆指示灯一直亮着。车辆无法进入 READY 模式。

❸ 检查车辆无加装改装；低压蓄电池及正负极连接器、车辆动力电池组充电与放电充电口、机舱线束连接器、高压连接线束插头等连接可靠，外观无异常，无进水痕迹。

❹ 将 SCS 与车辆连接，读取故障码，发现 k114B 混合动力/电动汽车动力系控制模块 2 内存在一个故障码（DTC）：P1B41 00 高压系统绝缘故障。

❺ 目视检查动力电池组 A4 的高压线束连接器，K238（高压配电盒）的线束连接器及发动机舱高压线缆及插接件外观，未发现异常，车辆也没有涉水痕迹。

❻ 根据故障码分析，蓄电池能量控制模块会对高压电的电流以及绝缘性进行实时检测，如绝缘低会上报绝缘故障至整车，绝缘电阻小于 250kΩ 就会设置故障码，同时它会检查绝缘电阻检测回路是否存在故障及进行合理性检查。绝缘失效后，为了安全，会禁止车辆进入 READY 模式。

高压控制系统是在整车层面协调、监控高压各系统配合工作，以实现充放电、电驱动、高压安全和诊断检测等全方位功能。高压控制系统其核心模块主要有整车控制模块、电池控制模块（BMS）和电机控制模块，全车所有高压部件和整车控制模块如图 2-17 所示。

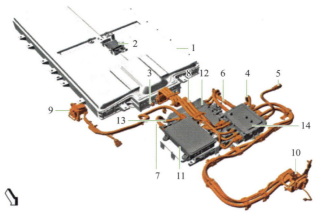

图 2-17　整车高压部件分布

1—动力电池；2—混合动力系统控制模块 2；3—驱动电机蓄电池高压手动断开杆；4—蓄电池正极和负极电缆加长电缆（动力电池断开控制模块至空调压缩机）；5—蓄电池正极和负极电缆加长电缆（动力电池断开控制模块至冷却液加热器）；6—蓄电池正极和负极电缆加长电缆（动力电池断开控制模块至驱动电机电源逆变器模块）；7—蓄电池正极和负极电缆加长电缆（动力电池断开控制模块至驱动电机蓄电池充电器与高压蓄电池加热器）；8—蓄电池正极和负极电缆加长电缆（动力电池断开控制模块至动力电池）；9—驱动电机蓄电池充电器插座电缆（交流）；10—驱动电机蓄电池充电器插座电缆（直流）；11—驱动电机蓄电池充电器；12—驱动电机电源逆变器模块；13—驱动电机；14—动力电池断开控制模块

高压控制电路示意图如图 2-18 所示。

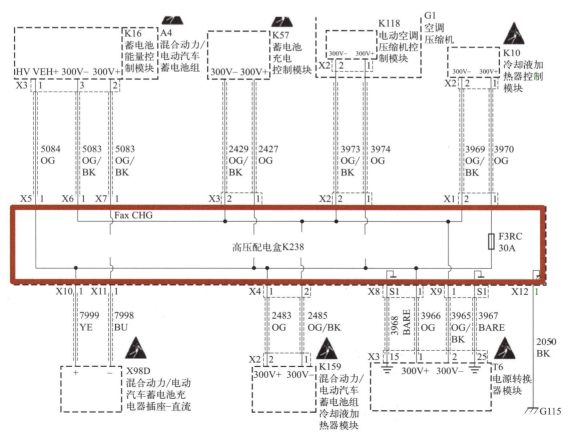

图 2-18　高压配电盒电路图

高压系统电路图如图 2-19 所示。

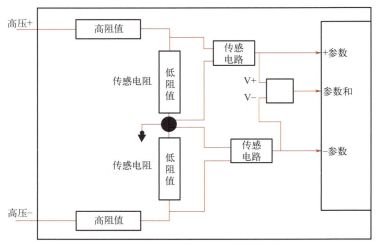

图 2-19　高压系统电路框图

高压绝缘系统是一个独立于车身、底盘、低压电气系统之外的一套装置，绝缘损耗对于 360V 以上的高压来说是非常危险的，必须得保证与其他系统有良好的隔离。控制模块通过时刻检测高压回路之间，以及车身、低压系统之间的电阻，看是否存在着绝缘失效。一旦发现绝缘电阻小于 250kΩ，立即生成故障码 P1B41，并切断系统的高压电输出，点亮"立即检修车辆"指示灯，防止人员触电伤亡。

❼ 拆卸之前先进行高压禁用并断开相关的高压连接器。
❽ 移除车辆上所有的外部电源（包括 12V 蓄电池充电器）。
❾ 关闭点火开关，将钥匙放到指定安全位置。
❿ 断开 12V 蓄电池负极。
⓫ 取下 MSD（手动维修断开装置），等待 5min，确保高压能量全部释放。
⓬ 佩戴好个人防护用品，拆卸高压配电盒。
⓭ 使用万用表确认高压部件各端子，对车身搭铁电压均低于 3V，两线之间的电压均低于 3V。
⓮ 绝缘测试电池组处高压连接器 X3（如图 2-20 所示），分别测量 X3 的 1/2/3 端子的绝缘，发现 1/2/3 端子的绝缘分别为 0.0MΩ/550MΩ/0.0MΩ，对比正常车，发现 X3 的 1/3 端子绝缘不对（正常车均为 5.4 MΩ）。

图 2-20　电池高压连接器

⑮ 打开高压配电盒 K238，依次断开每个配电分支，发现当断开直流快充口高压配电线 DC+ 的时候（如图 2-21 所示），车辆的高压绝缘恢复正常为 5.4MΩ（这个绝缘值是逆变器的绝缘值，如果把逆变器断开就会是 550MΩ）。

图 2-21　高压配电盒内部结构

⑯ 为了进一步确定故障，再用绝缘万用表测量高压直流充电口的绝缘值，测试发现 DC+ 这根线绝缘失效，如图 2-22 所示。

图 2-22　测量高压直流充电口绝缘值

⑰ 该车的故障点是高压直流充电线 DC+ 绝缘失效，线束与充电口是一体的，需更换直流充电口总成。

然后用绝缘万用表测量 A4 电池组高压连接器 X3 的 1/2/3 绝缘数值，分别为 5.4MΩ/550MΩ/5.4MΩ，符合正常车标准。

▶ **故障排除：**
更换高压直流充电口。

2.3　车载充电机（OBC）

2.3.1　原理秒懂：本田极湃 1 车载充电机工作原理

外部电源系统使用蓄电池充电器向车辆外部提供交流电源。此功能通过将电源连接器连接到正常充电输入口，向车辆外部提供动力电池的 220V 交流电源。此系统基于蓄电池充电器的软件修改，用来实现外部电源功能。电源放电枪配有 10A 输出口，并且外部电源状态显示在仪表控制模块上。

电源检测器单元检测因漏电导致的高压电缆之间的电流差并将其输出到蓄电池充电器。电源检测器单元和蓄电池充电器配有内部故障检测电路，该电路检测在外部电源开始供电前漏电检测功能中出现的故障。车载充电机安装位置如图 2-23 所示，电路原理框图如图 2-24 所示。

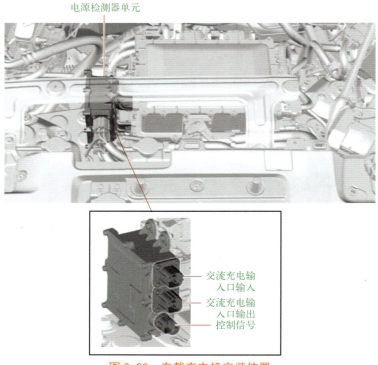

图 2-23　车载充电机安装位置

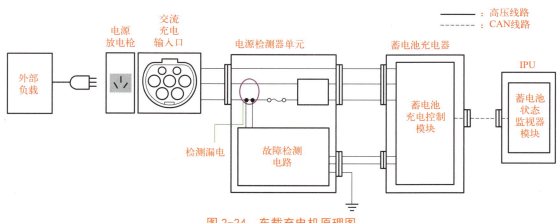

图 2-24　车载充电机原理图

2.3.2 部件快拆：现代伊兰特 EV 车载充电机拆装

❶ 切断高压电路。
❷ 拧下排放塞，排放冷却水。
❸ 如图 2-25 所示分离车载充电器线束连接器（A）和车载充电器信号连接器（B）。
❹ 如图 2-25 所示拧下连接器支架固定螺栓（C），并从车载充电器上拆卸连接器支架。
❺ 分离高压连接器（A），如图 2-26 所示。

图 2-25　分离连接器并拆下螺栓

图 2-26　分离高压连接器

❻ 分离车载充电器冷却液软管（A），如图 2-27 所示。
❼ 拧下固定螺栓，并从车载充电器上拆卸副水箱（A），如图 2-28 所示。

图 2-27　分离冷却液软管

图 2-28　拆卸副水箱

❽ 拧下固定螺栓（B）与拆卸支架（A），如图 2-29 所示。
❾ 拧下固定螺栓与拆卸车载充电器（A），如图 2-30 所示。
❿ 按与拆卸的相反顺序安装车载充电器。当填充冷却水时，使用 KDS/GDS 诊断仪驱动电动水泵执行放气程序。

图 2-29　拆下支架

图 2-30　拆卸车载充电器

2.3.3　案例精解：奔驰 EQA300 4MATIC 不能使用交流充电故障

▶ **故障现象：**
车辆不能使用交流充电功能。

▶ **维修过程：**

❶ 连接诊断仪进行快速测试，发现交流充电器控制单元 N83/11 检测不到，单独进交流充电器控制单元 N83/11 也不成功。

交流充电器控制单元 N83/11 通过交流电源为动力电池充电，其将外部电源（例如充电桩）的交流电压转换为直流电压，然后通过直流充电连接装置 N116/5 将直流电供至动力电池；交流充电器控制单元 N83/11 与车辆的网络架构相连［电驱动控制器区域网络（CAN ED）］。

交流充电器控制单元 N83/11 处理以下信息：电路状态、动力电池电流、动力电池电压、电流/电压请求、蓄电池断开开关状态、发动机运转状态（混合动力车辆）。

交流充电器控制单元 N83/11 处理这些输入因素并传送以下信息：充电电压、充电电流、交流充电器状态、故障信息。

因为充电电缆锁止电机 M14/3 由交流充电器控制单元 N83/11 直接驱动，而交流充电器控制单元 N83/11 无法通信，所以分析交流充电枪无法拔下的原因可能也是由交流充电器控制单元 N83/11 故障导致的，由此决定先从交流充电器控制单元 N83/11 无法通信的问题着手，分析可能的原因有如下几点。

- 交流充电器控制单元 N83/11 供电、搭铁故障。
- 交流充电器控制单元 N83/11 死机。
- 交流充电器控制单元 N83/11 软件故障。
- 交流充电器控制单元 N83/11 自身电气故障。
- CAN ED 的分配器 X30/71 电气故障。
- 交流充电器控制单元 N83/11 至 X30/71 线路故障。

❷ 测量交流充电器控制单元 N83/11 供电和搭铁均未发现异常；对交流充电器控制单元 N83/11 断电几分钟，故障消失。

❸ 用诊断仪查看，交流充电器控制单元 N83/11 报有故障码 P066700，控制单元内部温

度传感器存在故障。

❹ 尝试升级交流充电器控制单元 N83/11 未发现新软件。

❺ 删除故障码后试车，没有出现充电枪无法拔出故障，仪表没有发现提示"充电电缆已连接"等提示，但交流充电器控制单元 N83/11 仍然报有故障码 P0667000。

❻ 在以下 3 种状态下使用电流钳测量交流充电器控制单元 N83/11 的 12V 供电线电流：交流充电器工作时电流 0.83A，交流充电器不工作时电流 0.42A，车辆休眠时交流充电器电流 0.08A。

❼ 对交流充电器控制单元 N83/11 初始化后进行车辆充电，次日早晨解锁车辆发现充电枪无法拔出，充电枪插座指示灯不亮，故障再现。

❽ 使用电流钳测量故障状态下交流充电器控制单元 N83/11 供电线电流 0.08A，说明处于休眠状态。

❾ 综合分析故障原因是交流充电器控制单元 N83/11（见图 2-31）电气故障，有时无法被唤醒，导致充电枪无法拔出，从而车辆无法启动。

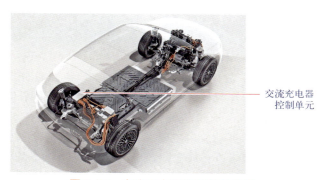

图 2-31　交流充电器控制单元位置

▶ **故障排除：**

更换交流充电器控制单元 N83/11 后，故障不再出现。

2.4　DC-DC 转换器

2.4.1　原理秒懂：宝马 i3 直流转换器

DC-DC 转换器将电能从高压车载网络传输到 12V 车载网络内，同时执行普通车辆上发电机的功能。为此，DC-DC 转换器必须将来自高压车载网络的变化电压降至低电压车载网络的电压。在此高压车载网络内的电压取决于动力电池的充电状态（约 260～390V）等。DC-DC 转换器通过调节低电压车载网络内的电压确保为 12V 蓄电池提供最佳充电，同时根据蓄电池的充电状态和温度调节约 14V 电压。为此，EME 控制单元与 EDME 控制单元进行通信，由后者执行 12V 电源管理系统功能。由此产生 DC-DC 转换器应在低电压车载网络内调节的电压规定值。DC-DC 转换器的持续输出功率为 2500W。DC-DC 转换器工作原理示意图如图 2-32 所示。

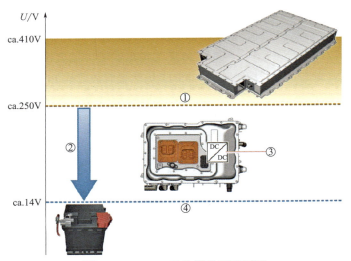

图 2-32 DC-DC 转换器的工作原理

1—高压车载网络电平，250～410V；2—向下转换；3—电机电子装置内的
DC-DC 转换器；4—低电压车载网络电平，约 14 V

关闭高压系统时，必须在规定时间内放电至没有危险的 60V 电压以下。为此 DC-DC 转换器带有一个中间电路电容器放电电路（见图 2-33）。该电路首先尝试将存储在中间电路电容器内的能量传输至低电压车载网络。如果该能量不足以实现快速降低电压，就会通过一个主动连接的电阻进行放电。通过这种方式，高压车载网络在 5s 内放电。出于安全考虑，还有一个始终并联连接的被动放电电阻。即使故障导致前两项放电措施无法正常进行，该电阻也能确保高压车载网络可靠放电。放电至 60V 电压以下的所需时间较长，最长为 120s。

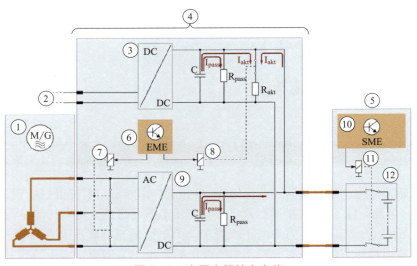

图 2-33 高压中间放电电路

1—电机；2—12V 车载网络接口；3—电机电子装置内的 DC-DC 转换器；4—电机电子装置（整体）；5—动力电池单元；6—EME 控制单元；7—电机绕组短路继电器；8—电容器主动放电继电器；9—电机电子装置内的双向 DC-AC 转换器；10—SME 控制单元；11—动力电池单元内的电动机械式接触器；12—动力电池；C—中间电路电容器；R_{pass}—被动放电电阻；R_{akt}—主动放电电阻

2.4.2 原理秒懂：丰田 bZ3 直流转换器原理

通过将 DC-DC 转换器集成在充配电总成中，实现了 160A 的持续高输出电平。车灯、音响系统等附件和各种 ECU 使用直流 12V 作为电源。DC-DC 转换器将来自动力电池的高压电逐步降低到直流电约 13.8V，将其供应至辅助系统并为辅助蓄电池充电。转换器原理框图如图 2-34 所示。

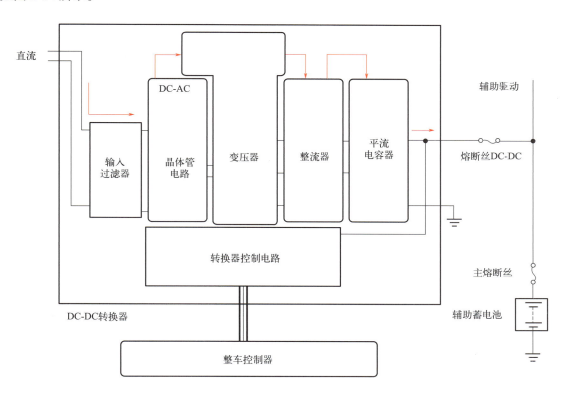

━━━：CAN 通信线路

图 2-34　DC-DC 转换器原理框图

为响应整车控制器的输出电压请求值，动力电池输入的直流电由晶体管电路转换为交流电，由变压器降压至低压，再经整流和平流（稳定），随后输出为 DC 13.8V。

2.4.3 故障速诊：丰田 bZ3 电动汽车 DC-DC 数据流

❶ 将 TDS 连接到 DLC3。
❷ 将电源开关置于 READY 位置。
❸ 打开 TDS。
❹ 进入以下菜单：进入诊断 / Toyota bZ3 / ECU 模块 / 直流转换机 / 数据流。检查结果如表 2-1 所示。

表 2-1　直流转换机数据流

检测仪显示	测量项目	有效范围	单位	正常状态
DC 放电是否允许	放电工作允许	不允许；允许；与 BMS 通信故障	—	Ready ON，交直流充电中，允许
DC 系统故障状态	DC-DC 故障状态	保留；正常；故障；保留	—	正常
DC 工作模式	DC-DC 工作状态	关断状态；升压状态；降压状态预留	—	工作时：降压状态；不工作时：关断状态
高压直流侧电压	DC-DC 高压侧电压	0～1000	V	与动力电池电压相差不大
高压直流侧电流	DC-DC 高压侧电流	-50～50	A	随着 DC-DC 输出功率变化
低压输出电压	DC-DC 低压输出侧电压	0～20	V	13.8V 左右
低压输出电流	DC-DC 低压输出侧电流	-250～250	A	随着 DC-DC 输出功率变化
电压检测	直流充电口电压	0～1000	V	—
与 OBC 通信状态	DC-DC 与 OBC 通信状态	正常故障	—	正常

2.4.4　案例精解：福特蒙迪欧混动版不充电故障排除

▶ 故障现象：

客户反映在行驶过程中仪表突然提示"检查充电系统"，然后没走多久就自动熄火，无法启动。

▶ 维修过程：

❶ 拖车到维修间，检查电池电压发现只有 8V 多，然后拆电池出来单独充电。等电池充满电后装回电脑测试，发现很多故障代码。故障代码能全部删除，试车未见异常就交车给客户。

❷ 交车后不到半个小时，客户又反映车自动熄火走不了了。再次把车救援回店，这次测量电池电压有 11V 左右，电脑检查还是之前的故障代码。

❸ 刚充满的电池不到 20min 就没电了，是不是不发电？着车后用万用表检查发电量，发现电压只有 11V 左右，而且电压越来越低。

❹ 逐个查看故障代码，U3003:16 蓄电池电压—电路电压低于阈值和 P0562:00 系统电压低同时出现。它们共同的触发条件是电池电压都是低于 11.5V。这两个故障代码的正常运行和故障条件是直流电/直流电（DC-DC）换流器在控制模块的 B+ 端子处监测 12V 蓄电池系统的内部电压，如果 B+ 端子 [直流电/直流电（DC-DC）换流器控制模块输出] 处的电压在点火开关处于 ON 位置时降到 11.5V 以下，则直流电/直流电（DC-DC）换流器控制模块设置 DTC U3003：16 并请求在信息中心里显示"检查充电系统"。直流电/直流电（DC-DC）换流器控制模块会继续产生输出电流，直到 B+ 端子电压降到 8V 以下。此时，直流电/直流电（DC-DC）换流器控制模块将进入待机模式 [禁用直流电/直流电（DC-DC）换流器控制

模块］，12V 蓄电池最终可能耗尽电量。也可能观察到 12V 系统（如前照灯和 HVAC 鼓风机电机）性能下降或无法工作。

❺ 使用 U3003：16 查看维修手册进行定点测试并按步骤进行测试，在前两步检查没发现异常，第三步检查比较直流电/直流电（DC-DC）换流器控制模块处电压与蓄电池电压时，发现电源线螺帽没有拧上（如图 2-35）。

图 2-35　电源线螺母没有拧紧

❻ 重新固定拧紧螺帽后测试发电量正常，故障排除。

第 3 章

电驱系统

3.1 驱动电机

 结构秒认：宝马 i3 永磁同步电机结构特点

宝马 i3 所用电机是同步电机。其基本结构和工作原理与带内转子的永磁激励同步电机相同（图 3-1）：转子位于内部且装备了永久磁铁，定子以环形方式布置在转子外围，由安装在转子凹槽内的三相绕组构成。如果在定子绕组上施加三相交流电压，所产生的旋转磁场（在电机运行模式下）就会"带动"转子内的磁铁。扫描封底二维码获取相关视频。

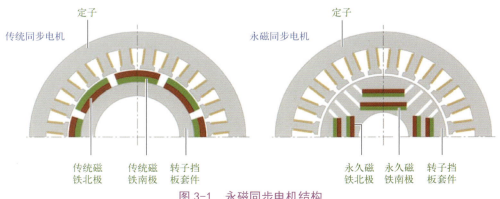

图 3-1 永磁同步电机结构

为改善技术数据，在此主要更改和优化了转子的结构。转子的永久磁铁采用全新布置方式，其挡板套件对磁力线的走向可产生有利影响。这样一方面提高了扭矩，另一方面可使定子绕组内的电流强度较低,因此与传统同步电机相比效率较高。

图中只展示了定子不带绕组的部分。转子由一个重量经过优化且位于内部部件内的托架、一个挡板套件和布置在两个位置的永久磁铁组成,因此可提高电机产生的扭矩。转子热压在驱动轴上。

通过6个极对同时实现了结构复杂性以及每圈尽可能恒定的扭矩曲线。

宝马i3电机无需加注机油,仅对两个包含油脂的深槽球轴承进行润滑。通过从电机电子装置输出端输送至电机的冷却液进行电机冷却,在电机内冷却液流过布置在外侧的螺旋形冷却通道,壳体末端的两个O形环密封冷却通道,因此电机内部完全"干燥"。电机内部结构如图3-2所示。扫描封底二维码获取相关视频。

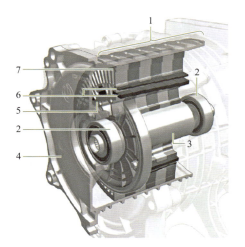 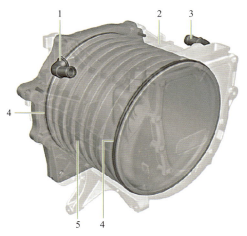

图 3-2　永磁同步电机结构

1—冷却通道;2—深槽球轴承;3—驱动轴;4—内部壳体;5—转子内的挡板套件;6—转子内的永久磁铁;7—定子挡板套件

1—冷却液管路接口(电机输入端,连自电机电子装置);2—外部壳体;3—冷却液管路接口(电机输出端,连至冷却液散热器);4—O形环;5—冷却通道

3.1.2 原理秒懂:奥迪 e-tron 感应异步电机

奥迪 e-tron 车上使用的驱动电机是异步电机。每个电机的主要部件有:带有3个呈120°布置铜绕组(U、V、W)的定子,转子(铝制笼型转子)。转子把转动传入齿轮箱。前桥上采用平行轴式电机(APA250)来驱动车轮,后桥则采用同轴式电机(AKA320)来驱动车轮。前桥和后桥上每个交流驱动装置都有一根等电位线连着车身。

前驱电机总成部件分解如图3-3所示。

定子是通过功率电子装置来获得交流电供给的。铜绕组内的电流会在定子内产生旋转的磁通量(旋转的磁场),这个旋转磁场会穿过定子。异步电机转子的转动要稍慢于定子的转动磁场(这就是异步的意思)。这个差值我们称之为转差率(也叫滑差率,转差率表示的是转子和定子内磁场之间的转速差)。于是就在转子的铝制笼内感应出一个电流,转子内产生的磁场会形成一个切向力,使得转子转动,叠加的磁场就产生了转矩。电机工作原理如图3-4所示。扫描封底二维码获取相关视频。

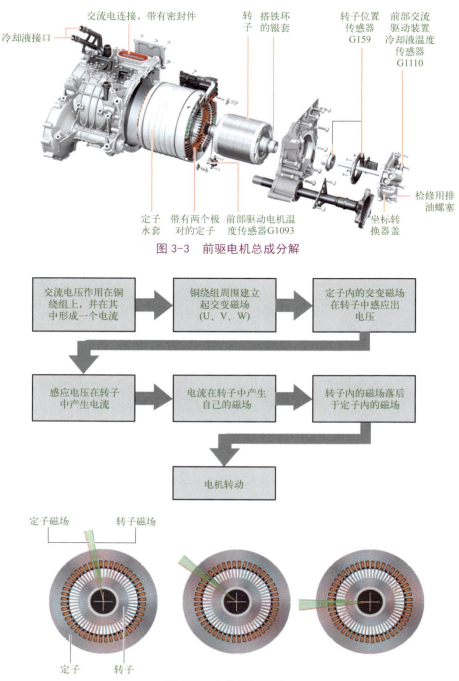

图 3-3 前驱电机总成分解

图 3-4 电机工作原理

在电驱动模式中，功率电子装置将动力电池的直流电转换成三相交流电（交流）。这个转换是通过脉冲宽度调制来进行的，如图 3-5 所示。转速通过改变频率来进行调节，电驱动装置电机 V662 和 V663 的扭矩通过改变单个脉冲宽度的接通时间来进行调节。

以示例加以说明：在一台有 2 个极对的异步电机上要想达到 1000r/min 这个旋转磁场转速，需要使用 3334Hz 的交流电。因受到异步电机转差率的限制，转子转得要慢些。

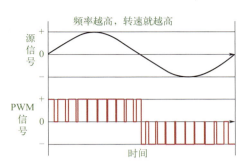
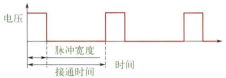

图 3-5　脉冲宽度调制原理

3.1.3　部件快拆：大众 ID.3 电动汽车驱动电机拆装

❶ 断开高压系统的电压。
❷ 拆卸后部隔音板 1、2 和 3。
❸ 拆卸车轮悬挂臂饰板 4。以上部件位置如图 3-6 所示。

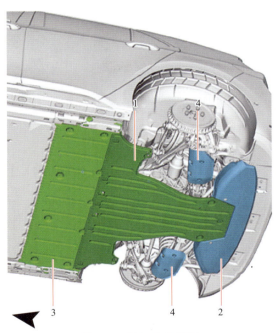

图 3-6　拆卸底盘隔板

❹ 拆卸左右两侧传动轴。
❺ 拆卸左右两侧后轮罩内板。
❻ 排放冷却液。
❼ 选用发动机密封件 SVW 6122 或 VAS 6122 中合适的密封件密封冷却液软管。
❽ 拆卸车载充电装置 A11，以便拆卸变速器支承的螺栓。

❾ 拔下电气插头 1，如图 3-7 所示。

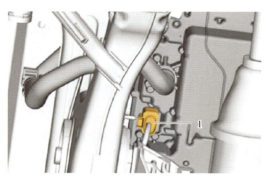

图 3-7　拔下电气插头

❿ 旋出螺母（箭头所指方向），拆下用于等电位线的支架 1，如图 3-8 所示。

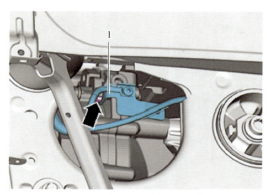

图 3-8　拆下等电位线支架

⓫ 如图 3-9 所示将冷却液软管 1 从固定卡子（箭头所指方向）上脱开。

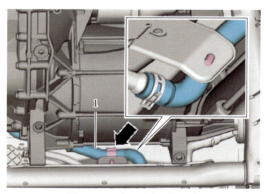

图 3-9　脱开冷却液软管

⓬ 如图 3-10 所示将左后轮罩内板中的变速器通气管 1 从固定卡子（箭头所指方向）上脱开。

⓭ 如图 3-11 所示旋出变速器侧用于固定高压线束支架 1 的螺栓（按箭头方向）。

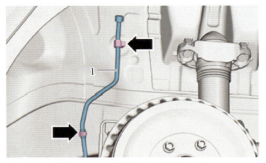

图 3-10　脱开变速器通气管

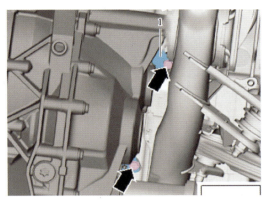

图 3-11　取出高压线束支架固定螺栓

⑭ 如图 3-12 所示，将变速箱工具 3282-D 安装到发动机 / 变速箱专用举升器 SVW 1383A 或 V.A.G 1383A-E 上。

⑮ 调整两个支撑 A，使其配合驱动电机和变速器中的支撑点。

⑯ 将支撑 B 放置在驱动电机控制器 JX1 下方。将支撑 C 安装在驱动电机壳体上并锁紧。

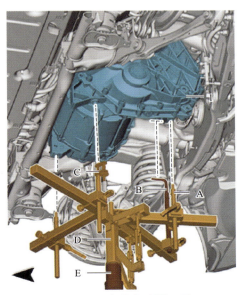

图 3-12　安装变速器工具

⑰ 如图 3-13 所示，将发动机/变速箱专用举升器 SVW 1383A 或 V.A.G 1383A 放置在驱动电机系统 1 的下方。

⑱ 将驱动电机系统稍微举升，以减轻驱动电机系统支承的压力。

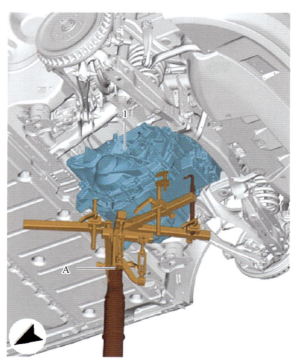

图 3-13　放置变速器专用举升器

⑲ 通过纵梁中的开口（箭头所指方向）旋出用于固定驱动电机支承的左右两侧螺栓 1，如图 3-14 所示。

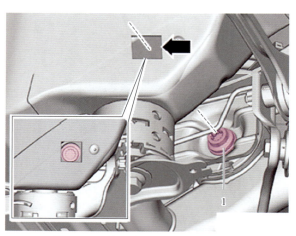

图 3-14　拧下电机支承两侧的螺栓

⑳ 旋出用于固定变速器支承的后部螺栓（箭头所指方向），如图 3-15 所示。

㉑ 降下驱动电机系统约 150mm。

㉒ 旋出变速器上方的螺栓 2 和 3，将高压线束固定支架 1 从变速器上脱开。

㉓ 按以下方式从驱动电机上拔下高压线束插头 4 并将线束放置一旁。以上部件位置见图 3-16。

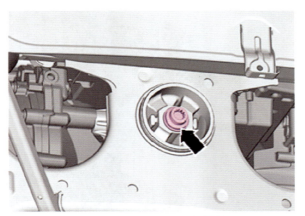

图 3-15　拧下支承后部螺栓

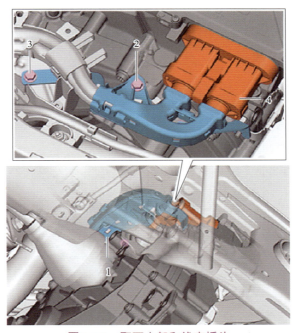

图 3-16　取下支架和线束插头

● 沿箭头 A 方向拉动以解锁保险装置 2。

● 沿箭头 B 方向拉动解锁装置 3，并将高压线束插头 1 从动力电池 1-AX2 上拔出。线束拆卸方法如图 3-17 所示。

㉔ 将变速器上方的冷却液软管 1 从固定卡子（箭头 A 所指方向）上脱开，如图 3-18 所示。

㉕ 抬起防松卡子 2 并拔出冷却液软管 1。

㉖ 将通气管 3 从固定卡子箭头 B 上脱开并从变速器上拔下。以上部件位置见图 3-18。

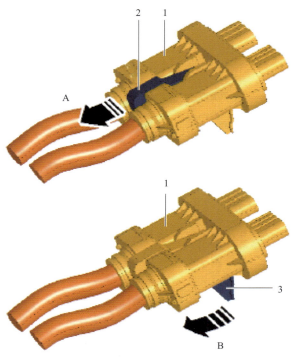

图 3-17　线束插头拔取方向

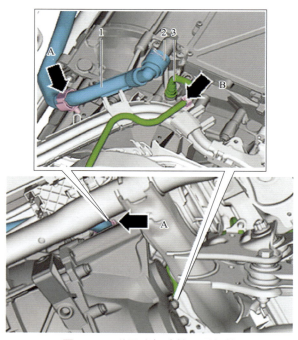

图 3-18　脱开冷却液管和通气管

㉗ 如图 3-19 所示，缓慢降下驱动电机系统并从车身下方移出，此时注意线束和冷却液软管。

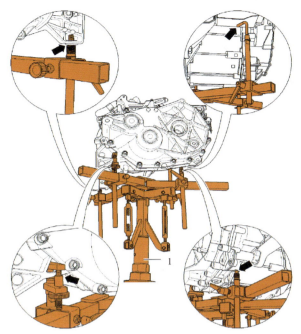

图 3-19　用支架降下驱动电机总成

㉘ 将驱动电机系统固定在装配支架上。

㉙ 安装按与拆卸相反的顺序进行，并按规定扭矩紧固各个螺栓（见图 3-20、图 3-21）。

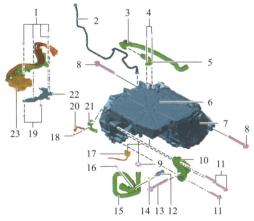

图 3-20　电驱总成分解图一

1—螺栓（拧紧力矩：8Nm）；2—通气管（用于变速器）；3—冷却液软管；4—螺栓（用于固定冷却液管，须更换，拧紧力矩：8Nm+90°）；5—冷却液管；6—驱动电机控制器；7—驱动电机；8—螺栓（用于驱动电机支撑件，须更换，拧紧力矩：130Nm+180°）；9—卡箍；10—变速器支撑件；11—螺栓（用于变速器支撑件，须更换，拧紧力矩：70Nm+180°）；12—温度传感器；13—螺栓（用于变速器支撑件，须更换，拧紧力矩：130Nm+180°）；14—O 形圈（须更换）；15—冷却液软管；16—防松卡子；17—电气插头（用于驱动电机控制器）；18—螺栓（用于等电位线，拧紧力矩：8Nm）；19—螺栓（拧紧力矩：8Nm）；20—等电位线；21—支架（用于固定等电位线）；22—支架（用于固定高压线束）；23—高压线束插头（用于驱动电机控制器）

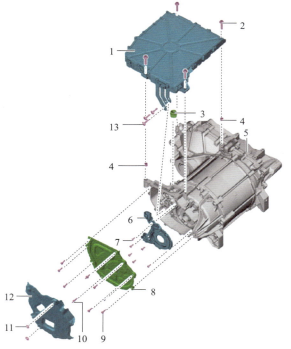

图 3-21 电驱总成分解图二

1—驱动电机控制器；2—螺栓（共 4 个，须更换，拧紧力矩：16Nm+135°）；3—连接管（须更换）；4—定位销（须更换，共 2 个）；5—驱动电机；6—驱动电机转子位置传感器；7—螺栓（共 6 个，须更换，拧紧力矩：4Nm+90°）；8—盖板（须更换）；9—螺栓（共 7 个，须更换，拧紧顺序见图 3-22）；10—双头螺栓（共 2 个，须更换，拧紧顺序见图 3-22）；11—夹紧垫片（共 2 个，须更换）；12—防护罩；13—螺栓（共 3 个，须更换，拧紧力矩：8Nm+90°）

图 3-22 盖板螺栓拧紧顺序

盖板螺栓拧紧力矩：先手动预拧紧，再用（8Nm+45°）力矩拧紧（见图 3-22）。

3.1.4 电路快检：丰田 bZ3 电动汽车电机低压端子检测

当电机系统出现故障时，可以根据需要依据电机低压端子的功能定义进行信号（电压或电阻)检测,以此判断线路或控制器是否有问题。以丰田 bZ3 汽车为例,该车电机低压端子分布如图 3-23 所示,端子定义见表 3-1。

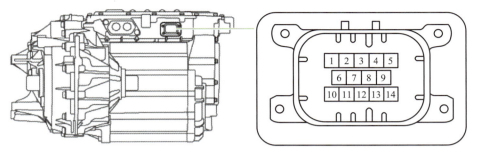

图 3-23 驱动电机低压接插件端子分布

表 3-1 驱动电机低压接插件端子定义

端子	名称	定义
1	GND1	电源地 1
2	GND2	电源地 2
4	CANH1	动力子网 CAN-H
5	CANL1	动力子网 CAN-L
8	DHS	驱动禁止信号屏蔽
9	HSDN1	驱动禁止信号
10	+B1	IG3 电源 1
11	+B2	IG3 电源 2
13	CANH2	能量网 CAN-H
14	CANL2	能量网 CAN-L

3.1.5 案例精解:保时捷 Taycan 仪表提示"驱动控制故障"

▶ **故障现象:**

组合仪表中的红色警告信息"驱动控制故障 - 安全停车"亮起。将"P061B00 内部扭矩中断 - 故障(00AC80)"条目存储在控制单元的故障记忆中。

▶ **原因分析:**

扭矩监控期间的偏差值。

▶ **解决方案:**

校准电机。

▶ **维修过程:**

(1)重置电机的校准。

❶ 将 PIWIS 检测仪与车辆连接并打开 PIWIS 检测仪。

❷ 建立操作就绪。
❸ 开始诊断。
❹ 选择"High-voltage power electronics on front axle"(前桥的高压电源电子装置)控制单元。
❺ 选择"Drive links/checks"(驱动链接/检查)选项卡。
❻ 选择菜单项"Electric motor-reset calibration"(电机-重置校准),然后按 F12 继续。
❼ 将"Value"(值)列设置为无效。
❽ 按 F8 开始。
❾ 结束操作就绪。
❿ 选择"Disconnect the PIWIS Tester",断开 PIWIS 检测仪与车辆的连接。

如果重置电机的校准,可能的最大车速为 70 km/h。组合仪表上显示警告信息"降低速度"。

(2)校准电机。
❶ 将车辆加速至至少 60km/h。
❷ 超速运转阶段至少持续 1s。在超速运转阶段校准电机。

成功完成校准后,将提升车速限制。在操作就绪后,将重置组合仪表上的警告信息"降低速度"。

3.2　电机管理器(TMC)

3.2.1　结构秒认:大众 ID.4X 电驱系统

电驱动系统的功率和控制电子装置安装在三相电流驱动装置上。由以下组件组成:电驱动控制单元、EMC 和抑制滤波器、驱动电机 DC-AC 转换器、中间电路电容器、电动机的连接口、冷却液接口。总成分解图如图 3-24 所示。扫描封底二维码获取相关视频。

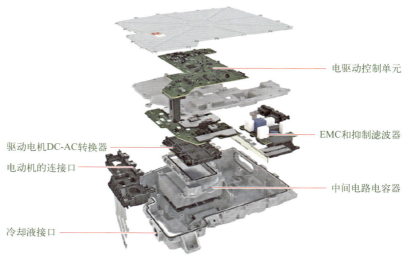

图 3-24　电驱系统内部结构

电驱动系统的功率和控制电子装置通过低温冷却回路中的三相电流驱动装置冷却。
电驱动控制单元安装在电驱动系统的功率和控制电子装置中。不能单独更换。
具备以下功能：
- 执行驾驶员要求；
- 监测三相电流驱动装置的温度；
- 识别转子位置。

以下组件与该控制单元相连：
- 驱动电机温度传感器 G1093 和温度传感器 2；
- 驱动电机转子位置传感器 1 G714。

对三相电流驱动装置进行调控，并对驱动电机的 DC-AC 转换器进行控制，以产生三相交流电压。

3.2.2 原理秒懂：本田极湃 1 电驱系统

电动动力系统、IPU 通过蓄电池充电器从蓄电池模块向电源驱动装置（PDU）供电，牵引电机驱动车辆。牵引电机在车辆减速时再生电能，以提高电源效率。系统配有充电输入口和插电式充电系统，可通过连接外部电源对车辆充电。蓄电池充电控制模块控制从蓄电池模块到电动空调压缩机、PDU、空调冷却液加热器和 ES 电动冷却液加热器的电源分配。电机控制系统原理框图如图 3-25 所示。

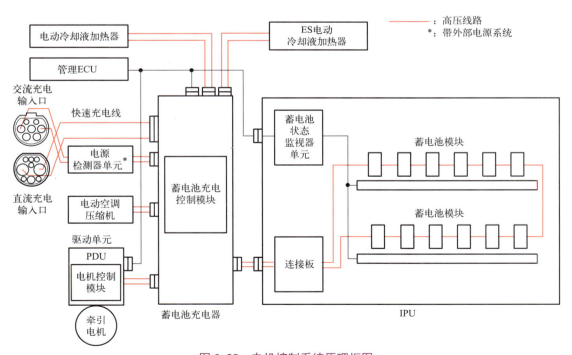

图 3-25 电机控制系统原理框图

为改善耗电量，使用模式选择开关选择 ECON 模式时，ECON ON 模式执行电机控制系统、蓄电池系统和空调（A/C）系统的"有效控制"。

使用模式选择开关选择 NORMAL（正常）模式后，在踩下加速踏板时会为驾驶员提供出色的可控性和线性/平稳加速特性。

使用模式选择开关选择 SPORTS（运动）模式后，在踩下加速踏板时会为驾驶员提供出色的响应性和直接/强劲的加速特性。

电机控制系统由 PDU 和电机驱动机构组成。PDU 调节蓄电池充电器提供的高压电源并根据行驶条件控制牵引电机。内置于 PDU 的逆变器将提供的电源转化为三相交流电来驱动牵引电机。

PDU 由逆变器和电机控制模块组成。PDU 根据各种信息，通过电机控制模块对牵引电机进行适当控制：来自管理 ECU 的驱动信息和动力电池信息、电机转子位置传感器检测到的转动位置信息和相位电流传感器检测到的电机电流信息。PDU 原理框图如图 3-26 所示。

牵引电机是永磁同步电机。内置于电机的温度传感器监控电机的温度。

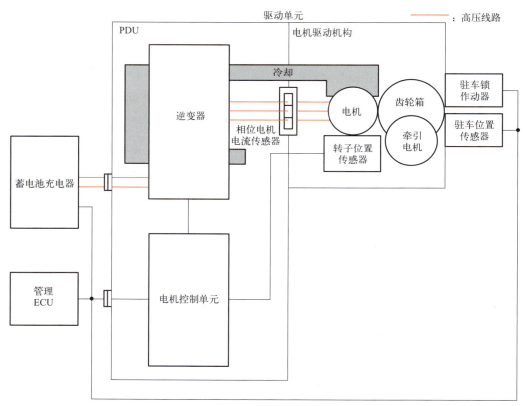

图 3-26　PDU 系统原理框图

3.2.3　原理秒懂：丰田 bZ3 电机控制系统

由动力电池总成的电力驱动的电动机会产生驱动轮的原动力。制动期间（再生制动协同控制)或松开加速踏板(能量再生)时,电动机产生高压电为动力电池充电。

换挡杆置于 N 位置时,电动机基本关闭。要使车辆停止,必须停止驱动电动机,因为电动机与驱动轮是机械连接的。根据来自整车控制器的信号,MG ECU 控制 3 个 IGBT 模块以切换电动机 U/V/W 相位,从而控制电动机用作电动机或发电机。

图 3-27 描述了电动机用作驱动电动机时的基本控制方法。根据 3 个 IGBT 模块打开/关闭的切换为电动机供应三相交流电。通过 MG ECU 控制 3 个 IGBT 模块打开/关闭相位切换,改变电动机转速并输出由整车控制器所需的驱动力。

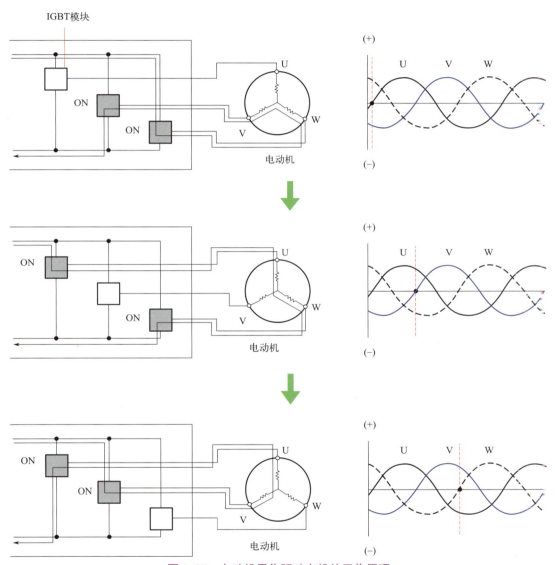

图 3-27　电动机用作驱动电机的工作原理

图 3-28 描述了电动机用作发电机时的基本控制。电动机由车轮驱动,其 3 个相位相继产生的电流用于为动力电池充电。

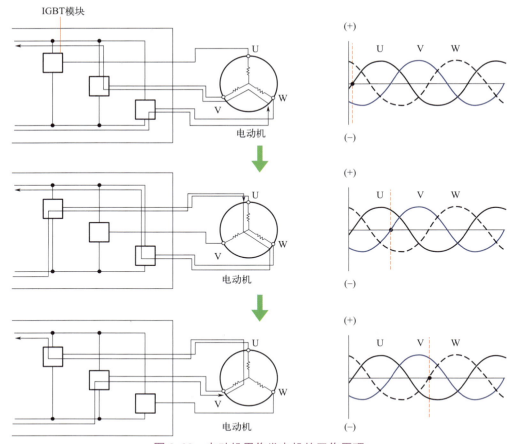

图 3-28 电动机用作发电机的工作原理

电动机控制逆变器总成将来自动力电池总成的直流电转换为交流电提供给电动机,反之亦然。MG ECU 根据接收自整车控制器的信号控制 IGBT 模块以切换电动机的三相交流电。控制方式如图 3-29 所示。

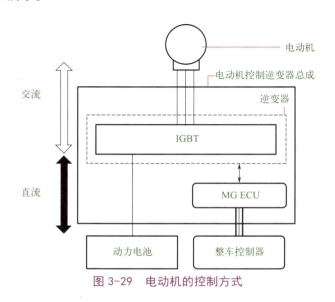

图 3-29 电动机的控制方式

MG ECU 检测到过热、过电流或电压故障信号时，会断开 IGBT 模块。

3.2.4 原理秒懂：丰田 bZ3 电机逆变器

丰田 bZ3 电动机控制逆变器总成集成于前驱电动总成中，实现了紧凑性，采用水冷式冷却。

电动机控制逆变器总成主要由 IGBT 模块、电容器和 MG ECU 组成。此外，IGBT 模块包括驱动电路、自我保护功能。

电动机控制逆变器总成通过切换 IGBT 模块来控制电动机。IGBT 模块由三相桥接电路组成，有 12 个 RC-IGBT，每个相位 4 个，并联连接。

电动机控制逆变器总成将动力电池总成的高压直流电转换为三相交流电以驱动电动机。电动机控制逆变器总成将再生制动期间电动机产生的交流电转换为直流电，以便为动力电池总成充电。

IGBT 模块的切换由 MG ECU 控制。此时，电流控制所需的信息（如输出电流和电压）通过 MG ECU 发送至整车控制器。

电动机控制逆变器总成驱动 IGBT 模块，由包含 12 个 RC-IGBT 的三相桥接电路、驱动电路和自我保护功能组成，作为半导体开关元件打开 / 关闭，从而将直流电转换为三相交流电。

逆变器工作原理示意图如图 3-30 所示。

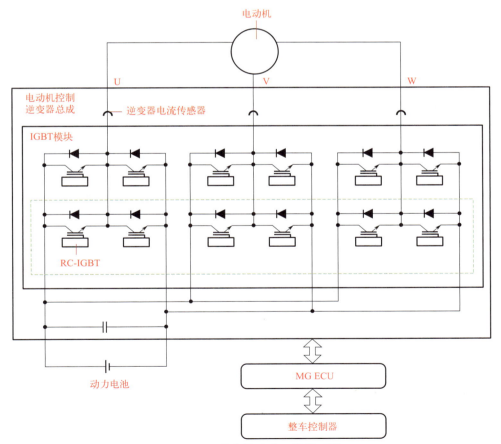

图 3-30 逆变器总成工作原理图

根据来自整车控制器的信号，MG ECU 操作电动机控制逆变器总成，将来自动力电池的直流电转换为交流电以驱动电动机。根据来自整车控制器的信号，打开/关闭 IGBT 模块以控制电动机输出，同时将车辆控制所需的信息（如逆变器输出电流值、逆变器温度、电压等）从电动机控制逆变器总成发送至整车控制器。

逆变器电流传感器检测驱动电动机的三相交流安培数。实际安培数用作 MG ECU 的反馈。逆变器电流传感器位于逆变器内（位置见图 3-31），用于电动机的 U、V 和 W 相。

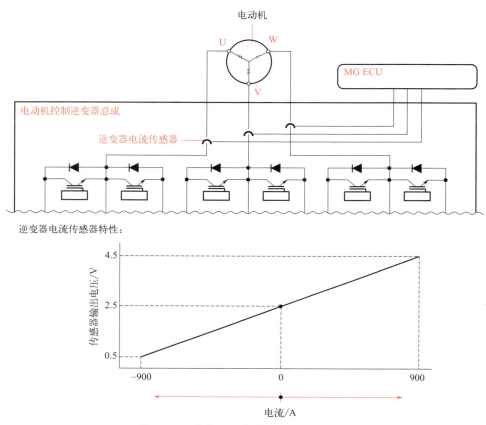

图 3-31　逆变器内电流传感器电路位置

3.2.5　故障速诊：马自达 CX-30 EV 电驱系统故障诊断

以马自达 CX-30 EV 车型为例，利用诊断仪读取系统故障码，可以针对故障码内容提示及诊断引导进行故障排除，相关信息扫描封底二维码获取。

3.2.6　案例精解：大众迈腾 GTE 仪表提醒：电力驱动系统故障，请去服务站

▶ **故障现象：**

车辆不能启动，检查仪表有黄色报警灯（图 3-32），提醒：电力驱动系统故障，请去服务站。

图 3-32 仪表显示黄色报警灯

▶ **维修过程：**

❶ 使用诊断仪读取故障记忆，功率电子（诊断地址 51）有故障码 P0CDB00：牵引电动机转子位置传感器 3 信号不可信；P0CDD00：牵引电动机转子位置传感器 3 对正极短路。查询发动机控制单元有故障码（图 3-33）U041100：电驱动装置的功率电子系统控制器信号不可信。

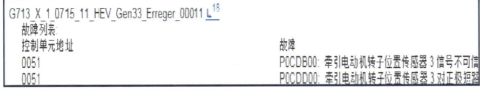

图 3-33 发动机控制单元故障码

❷ 因为功率电子里有电动机转子位置传感器相关的故障码，发动机控制单元里也有相关存储，信号传输过程是电动机转子位置传感器的信号传送给功率电子，之后通过总线发送给发动机控制单元，因此首先根据故障码对电动机转子位置传感器及其连接线束进行检测。拔掉功率电子单元的低压插头，测量其线束端如下针脚间的电阻：Pin66—Pin59：27.3Ω；Pin64—Pin57：51.9Ω；Pin65—Pin58：50.3Ω；测量值均为正常。

❸ 测量 Pin57、58、59、64、65、66 对车身地之间电阻均为无穷大，确认传感器及相应线束正常。功率电子装置 JX1 电路如图 3-34 所示。

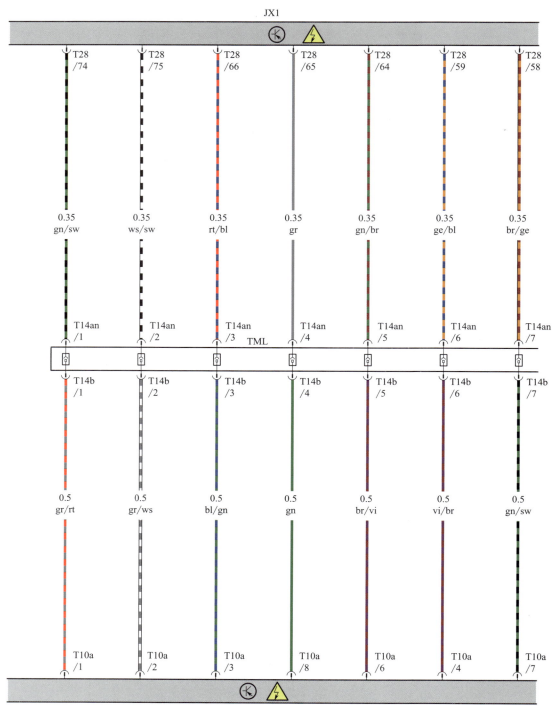

JX1—电驱动装置的功率及控制电子系统；T10a—10芯插头连接，黑色；T14an—14芯插头连接，黑色；T14b—14芯插头连接，黑色；T28—28芯插头连接，黑色；TML—发动机舱内左侧连接位置；VX54—交流驱动系统；674—左前纵梁上的接地点4；D52—正极连接(15a)，在发动机舱导线束中；D104—正极连接2(30a)，在发动机舱导线束中；L28—连接，在发动机舱中的全自动空调导线束中；*1—交流驱动系统电位均衡线(P71)；*2—控制导引线；*3—电位均衡线2(P78)

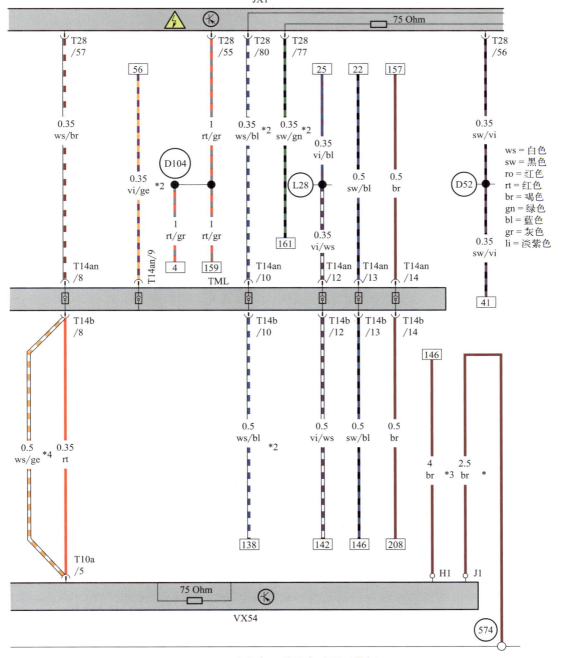

图 3-34 功率电子装置电路图（局部）

❹ 下一步检查功率电子单元。倒换功能正常的功率电子单元，试车发现故障码可以清除。清除故障码后加注冷却液并试车 60km，车辆一切正常；倒换故障功率电子单元到正常车辆上，故障现象一致。

❺ 对故障功率电子进行静态测量，发现其低压插头 Pin4 与外壳之间电阻为 1.053kΩ（见图 3-35），远低于标准值的 3.3kΩ。最终判断故障点是功率电子单元。

图 3-35　检测模块端子绝缘值

▶ **故障排除：**

更换功率电子单元（PEU）。

3.3　混动变速器（DHT）

3.3.1　结构秒认：丰田 P410 混动变速器结构

丰田 P410 混合动力车辆传动桥总成包括 2 号电动机发电机（MG2）（用于驱动车辆）和 1 号电动机发电机（MG1）（用于发电），采用带复合齿轮装置的无级变速器装置。该传动桥应用于丰田雷凌 - 卡罗拉双擎，第 7 代凯美瑞混动，第 3 代普锐斯，雷克萨斯 CT200H、ES300H 等车型上。

此混合动力传动桥系统使用电子换挡杆系统进行换挡控制。

传动桥主要包括 MG1、MG2、复合齿轮装置、变速器输入减振器总成、中间轴齿轮、减速齿轮、差速器齿轮机构和油泵。组成部件如图 3-36 所示。

传动桥为 3 轴结构。复合齿轮装置、变速器输入减振器总成、油泵、MG1 和 MG2 安装在输入轴上。中间轴从动齿轮和减速主动齿轮安装在第二轴上。减速从动齿轮和差速器齿轮机构安装在第三轴上。齿轮组联接如图 3-37 所示。

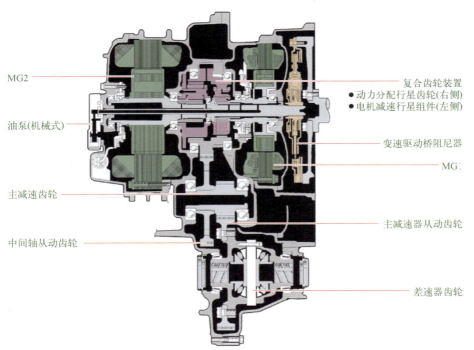

图 3-36 丰田 P410 传动桥内部结构

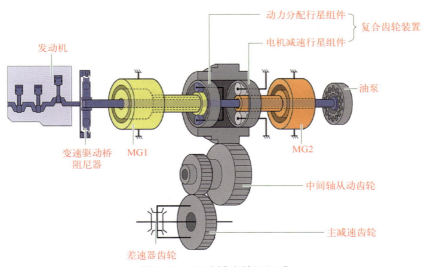

图 3-37 驱动桥齿轮组组成

发动机、MG1 和 MG2 通过复合齿轮装置机械连接。每一个行星齿圈与复合齿轮机构结合，见图 3-38。复合齿轮装置包括动力分配行星齿轮机构和电动机减速行星齿轮机构。各行星齿圈与复合齿轮集成于一体。另外，此复合齿轮还集成了中间轴主动齿轮和驻车挡齿轮。

动力分配行星齿轮机构将发动机的原动力分成两路：一路用来驱动车轮；另一路用来驱动 MG1，因此，MG1 可作为发电机使用。为了降低 MG2 的转速，采用电动机减速行星齿轮机构，使高转速、大功率的 MG2 最佳适应复合齿轮。该齿轮装置结构如图 3-39 所示。

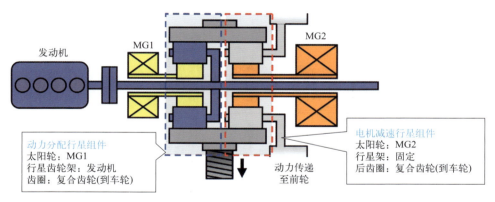

图 3-38 齿轮组连接与动力分配

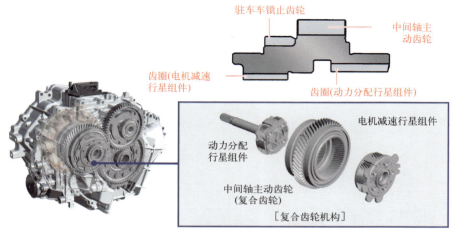

图 3-39 复合齿轮机构

3.3.2 原理秒懂：丰田 THS 混动系统原理

　　THS 系统的发动机通过一套单向离合器与行星齿轮架连接，MG1 连接中间的太阳轮，MG2 连接外侧齿圈。这两个电机在被动转动时可作为发电机为电池充电，MG2 直接和输出端连接，其转速与轮上转速直接相关。MG1 同时作为发动机的起动机使用。MG2 主要用于驱动车辆、启动发动机、发电以及协调 MG2 与发动机之间的转速关系而输出目标扭矩。如图 3-40 所示 PSD（动力分流装置）就是一个行星齿轮组，MG2 主电机（红色部分）连接行星齿轮外圈，负责驱动车辆和能源回收，发动机（蓝色部分）连接行星齿轮架，MG1 次电机（绿色部分）作为发电机。

　　当车辆处于停止状态并且电池电量较低时，MG2 通电输出反向扭矩固定外齿圈，MG1 转动至发动机的最低工作转速，离合器接合启动发动机，之后发动机驱动 MG1 对电池进行充电。

　　车辆起步时，MG2 通过电池取电直接驱动车辆，这时行星齿轮架固定，MG1 空转，如需急速起步，MG1 会通电主动转动驱动行星齿轮回来启动发动机工作。

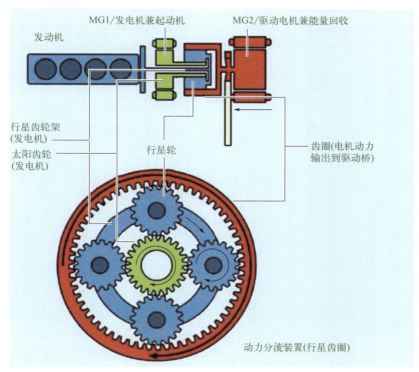

图 3-40 THS 系统的 PSD 结构

当汽车超过纯电模式的最高限速时，离合器接合并启动发动机运转，此时发动机驱动 MG1 进行发电输出电能给 MG2，MG2 驱动车辆，剩余电能则给电池充电。

在重负载行驶时，发动机驾驶驱动 MG2 和 MG1，MG2 驱动车辆，MG1 则进行充电。

在急加速时 MG1 作为电动机正向旋转至最大转速，而 MG2 从电池取电，以最大功率推动车辆。此时的输出扭矩为发动机加上两个电机的共同作用力。

在车辆制动或者松开油门时，发动机停转，车轮驱动 MG2 进行充电。

新一代丰田混动系统在 MG2 上增加了一组行星减速齿轮，以降低 MG2 和 MG1 的转返差，由此，原来的链条传动也改为了齿轮传动，传动损耗更小，第一代和第二代的混动系统部件对比如图 3-41 所示。

图 3-41 丰田第一代与第二代混动系统对比

3.3.3 结构秒认：本田 e-CVT 电子无级变速器结构

电动无级变速器（e-CVT）是一个电子控制变速器。e-CVT 提供无级前进挡和倒挡。e-CVT 能使车辆在电功率、发动机功率，或两者的组合电源情况下行驶。两个电源都通过变速器内的齿轮传递动力。

e-CVT 总成包括 4 根平行的轴、齿轮、超速离合器、牵引电机和发电机电机。输入轴连接至飞轮，再通过飞轮连接至发动机曲轴，结构如图 3-42 所示。输入轴也与超速离合器连接。当输入轴通过接合超速离合器与超速传动齿轮结合时，发动机动力通过输入轴传送到超速传动齿轮和副轴，然后传送至差速器的主减速器主动齿轮以便提供驱动力。电机轴连接至牵引电机，牵引电机动力通过电机轴传送到电机轴齿轮和副轴，然后传送至差速器的主减速器主动齿轮以便提供驱动力。发电机轴连接至电机。要使用电机为动力电池充电，发动机动力通过输入轴和发电机轴进行传送。

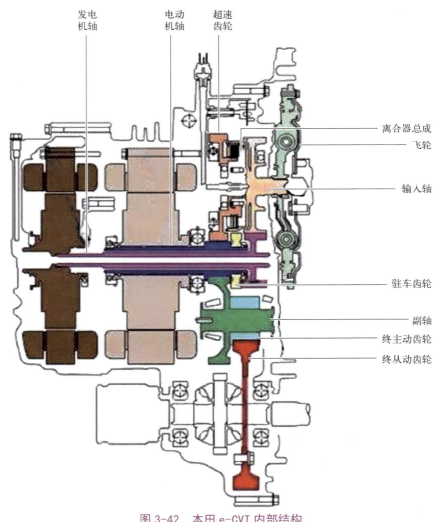

图 3-42 本田 e-CVT 内部结构

超速离合器为液压驱动的离合器，位于输入轴末端。e-CVT 向超速离合器施加油压，接合或分离超速传动齿轮。将液压导入离合器鼓，离合器活塞移动并按压钢片和离合器盘。然后，动力通过接合的离合器组件传送到安装毂的齿轮上。同样地，从离合器鼓卸去液压时，活塞将释放钢片和离合器片。然后钢片与离合器鼓一起转动，离合器盘与安装在毂上的齿轮一起转动，离合器盘与钢片分离。这样可以让离合器盘单独转动，而不传输动力。

3.3.4 原理秒懂：本田 i-MMD 混动系统原理

i-MMD 混动系统主要分为三种工作模式：纯电动、混动，发动机驱动模式。

在车辆起步时，电动机直接驱动车辆，发动机此时不做功，原理示意如图 3-43 所示。扫描封底二维码获取相关视频。

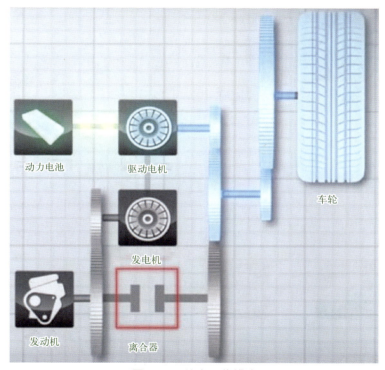

图 3-43　纯电工作模式

i-MMD 的混动模式并不是由电动机与发动机通过离合器串联共同驱动车辆行驶，而是由发动机为发电机供电，发电机与电池组共同为电动机提供电能，也就是说，虽然此时发动机确实在工作，但是此时驾驶员依然在驾驶一辆电动车。这样的混动方式，有点类似于增程式混动车型。原理示意图如图 3-44 所示。

在高速巡航状态下，电机的电池能耗会远高于低速，而此时 i-MMD 系统将离合器锁止，由发动机直接驱动车辆，在需要急加速的时候，驱动电机依然会参与车辆行驶。这种并联式的混动让电动机与发动机之间切换时几乎没有顿挫感。工作原理示意图如图 3-45 所示。

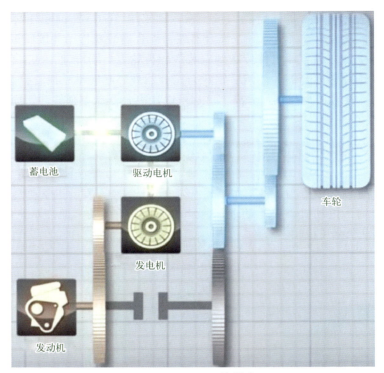

图 3-44 混动工作模式

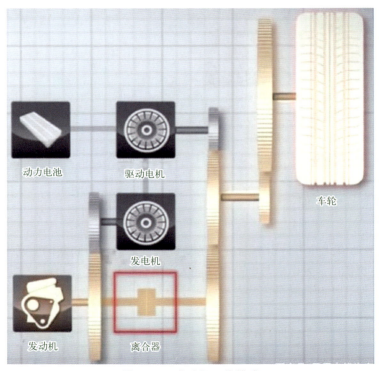

图 3-45 发动机工作模式

3.3.5 电路快检：丰田 P410 混动变速器控制器端子检测

以丰田卡罗拉-雷凌双擎混动车型为例，P410 混动变速器控制器端子分布如图 3-46 所示，端子定义及检测数据见表 3-2。

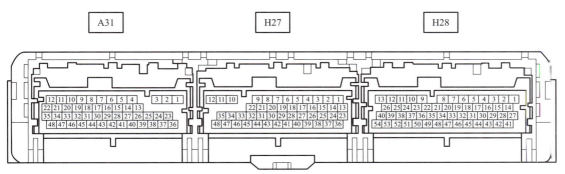

图 3-46 混合动力控制 ECU 端子分布

表 3-2 混合动力控制 ECU 端子检测数据

端子（名称）	线色	定义	检测条件	参考值
A31-1（MUA）—H27-12（E01）	B - W-B	驻车锁止电动机	发动机停止（混合动力系统停止），电源开关置于 ON（IG）位置	9～14V
A31-2（MVA）—H27-12（E01）	R - W-B	驻车锁止电动机	发动机停止（混合动力系统停止），电源开关置于 ON（IG）位置	9～14V
A31-3（MWA）—H27-12（E01）	W - W-B	驻车锁止电动机	发动机停止（混合动力系统停止），电源开关置于 ON（IG）位置	9～14V
A31-5（MREL）—H28-3（E1）	B - BR	主继电器	电源开关 ON（IG）	9～14V
A31-11（+B1）—H28-3（E1）	L - BR	电源	发动机停止（混合动力系统停止），电源开关置于 ON（IG）位置	9～14V
A31-15（BMA）—H28-3（E1）	P - BR	P-CON 继电器（传动桥驻车锁止控制继电器）	发动机停止（混合动力系统停止），电源开关置于 ON（IG）位置	9～14V
A31-16（RA）—A31-44（E2）	LG - P	转角传感器信号	电源开关置于 OFF 位置→电源开关置于 ON（IG）位置	0～1.5V，4～5.5V
			电源开关置于 ON（IG）位置，从驻车挡（P）切换至空挡（N），或从空挡（N）切换至驻车挡（P）	脉冲信号

续表

端子（名称）	线色	定义	检测条件	参考值
A31-41（VC）—A31-44（E2）	G-P	电源（转角传感器）	发动机停止（混合动力系统停止），电源开关置于ON（IG）位置	4.5～5.5V
A31-29（RB）—A31-44（E2）	GR-P	转角传感器信号	电源开关置于OFF位置→电源开关置于ON（IG）位置	0～1.5V，4～5.5V
			电源开关置于ON（IG）位置，从驻车挡（P）切换至空挡（N），或从空挡（N）切换至驻车挡（P）	脉冲信号
A31-44（E2）—车身搭铁	P-车身搭铁	转角传感器搭铁	始终	小于1Ω
H27-7（CA3P）—H28-3（E1）	P-BR	CAN通信信号	电源开关ON（IG）	脉冲信号
H27-10（E03）—车身搭铁	W-B-车身搭铁	搭铁	始终	小于1Ω
H27-11（E02）—车身搭铁	W-B-车身搭铁	搭铁	始终	小于1Ω
H27-12（E01）—车身搭铁	W-B-车身搭铁	搭铁	始终	小于1Ω
H27-20（CA3N）—H28-3（E1）	W-BR	CAN通信信号	电源开关ON（IG）	脉冲信号
H27-34（E12）—车身搭铁	BR-车身搭铁	搭铁	始终	小于1Ω
H28-1（+B2）—H28-3（E1）	L-BR	电源	电源开关ON（IG）	9～14V
H28-3（E1）—车身搭铁	BR-车身搭铁	搭铁	始终	小于1Ω
H28-6（PPOS）—H28-3（E1）	SB-BR	变速器控制通信信号	发动机停止（混合动力系统停止），电源开关置于ON（IG）位置	脉冲信号
H28-13（P1）—H28-3（E1）	Y-BR	P位置开关信号	电源开关置于ON（IG）位置，P位置开关（变速器换挡主开关）未按下	7～12V
			电源开关置于ON（IG）位置，P位置开关（变速器换挡主开关）按下	3～5V
H28-27（BATT）—H28-3（E1）	W-BR	电源（RAM）	始终	9～14V

续表

端子（名称）	线色	定义	检测条件	参考值
H28-31（LIN）	L	LIN 通信	—	—
H28-39（IND）—H28-3（E1）	R-BR	P 位置开关指示灯	未选择驻车挡（P）→选择驻车挡（P）[按下 P 位置开关（变速器换挡主开关）以选择驻车挡（P）]	9～14V，0～1.5V

3.3.6 故障速诊：丰田 P410 混动变速器系统诊断

以丰田卡罗拉/雷凌双擎混动车型为例，利用诊断仪读取混动变速器控制系统故障码，可以针对故障码内容提示及诊断引导进行故障排除，相关信息扫描封底二维码获取。

3.3.7 案例精解：丰田卡罗拉双擎变速器故障

▶ **故障现象：**

一辆搭载 8ZR-FE 发动机的 2016 款丰田卡罗拉 HEV 偶尔出现无法行驶的故障，同时组合仪表上的主警告灯、发动机故障灯等多个故障指示灯点亮，且多功能显示屏提示"混合动力系统故障，换至 P 挡"。

▶ **维修过程：**

❶ 首先试车验证故障现象。踩下制动踏板，按下电源开关，组合仪表上的 READY 指示灯正常点亮，观察组合仪表，无任何故障指示灯点亮。将挡位置于 D 挡，车辆能够正常行驶。与车主沟通得知，半年前车辆发生过一次碰撞事故，当时修理厂维修人员更换了前保险杠和左前翼子板，自从做过事故维修后，车辆经常会出现上述故障现象，且故障具有一定的偶发性。

❷ 连接故障检测仪（GTS）读取故障代码，无任何故障代码存储。

❸ 使用多种测试方法让故障现象重现，在使用高压水枪对车辆进行淋雨测试时，组合仪表上的多个故障指示灯点亮，并且车辆出现无法行驶的故障。

❹ 用故障检测仪进行检测，读取的故障代码为"P0A3F21 电动机'A'位置传感器信号振幅最小""P1CAD49 电动机'A'位置传感器内部电子故障"。

❺ 查阅维修手册，得知 2 个故障代码均与电动机解析器有关。卡罗拉混合动力车的混合动力驱动桥内安装了 2 个解析器，见图 3-47，分别监测发电机（MG1）、电动机（MG2）转子磁极位置、速度和旋转方向。

解析器的定子包括 3 种线圈：励磁线圈、检测线圈 S 和检测线圈 C。解析器的转子呈椭圆形，与 MG1、MG2 的永磁转子相连接，同步转动，椭圆形转子外圆曲线代表永磁转子磁极位置。带转换器的逆变器总成（MG ECU）将预定频率的交流电流输入励磁线圈，随着椭圆形转子的旋转，转子和定子间的间隙发生变化，就会在检测线圈 S 和检测线圈 C 上感应出相位差为 90°的正弦、余弦感应电流，MG ECU 根据检测线圈 S 和检测线圈 C 感应电流的波形相位、幅值及脉冲次数，计算出 MG1 和 MG2 永磁转子的磁极位置和转速信号，作为 MG ECU 对 MG1、MG2 矢量控制的基础信号。当转子从特定位置正向旋转 1800 时，励磁线圈、检测线圈 S 和检测线圈 C 的输出波形如图 3-48 所示。

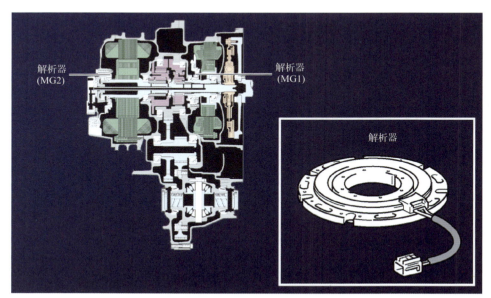

图 3-47 解析器的安装位置与实体形状

❻ 根据上述解析器的工作原理，结合该车的故障现象进行分析，当 MG2 解析器输出信号错误时，MG ECU 无法识别 MG2 的具体位置和转速，使得 MG2 无法转动，车辆出现无法行驶的故障。鉴于车辆之前发生过碰撞事故，且为间歇性故障，综合分析，判断故障可能出在 MG2 解析器及其相关的线路上。

❼ 根据相关电路（图 3-49），拆下维修服务插销，等待 10min，断开蓄电池负极端子电缆，断开 MGECU 导线连接器 B27，用万用表测量 MG ECU 导线连接器 B27 端子 5 与端子 6 之间的电阻（即 MG2 解析器励磁线圈的电阻），为 13Ω；测量端子 1 与端子 2（检测线圈 S）之间的电阻，为 20.5Ω；测量端子 4 与端子 3（检测线圈 C）之间的电阻，为 20.5Ω，与维修手册的标准值基本相符。依次测量 MG ECU 导线连接器 B27 端子 1、端子 2、端子 3、端子 4、端子 5、端子 6 与车身搭铁之间的电阻，均大于 1MΩ，正常。将导线连接器 B27 复位，连接蓄电池负极端子电缆，插上维修服务插销，按下电源开关，组合仪表上的多个故障指示灯熄灭，车辆又能够正常行驶。

❽ 再次使用高压水枪对车辆进行淋雨测试，故障现象再次出现，立即使用气枪对发动机室部件、底盘部件上的水进行局部吹干，从而进行划分区域排查。在清理 MG2 解析器导线连接器上的水珠时，发现 MG2 解析器导线连接器内部渗水，仔细检查 MG2 解析器导线连接器，发现 MG2 解析器导线连接器防水胶塞已缺失，怀疑跟上次事故维修有关。推测在下雨天，雨水顺着线束慢慢渗入到 MG2 解析器导线连接器内部，使得解析器信号线出现短路故障，导致车辆无法行驶。仔细检查 MG2 解析器端子，发现端子已经出现轻微的

氧化腐蚀。

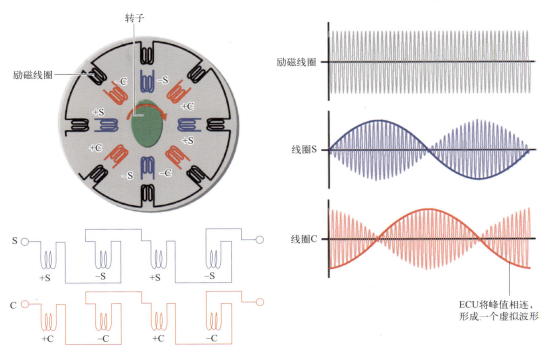

图 3-48　解析器内三种线圈与对应输出波形

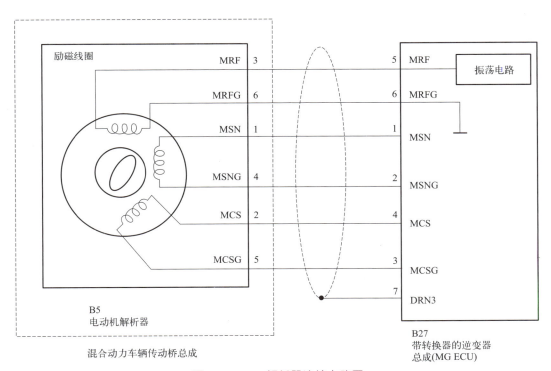

图 3-49　MG2 解析器连接电路图

◆ 故障排除：

使用除锈剂清理 MG2 解析器端子上的氧化物，并更换 MG2 解析器导线连接器，用故障检测仪清除故障代码，再次使用高压水枪对车辆进行淋雨测试，故障现象不再出现，于是将车辆交还给客户。1 个月后对客户进行电话回访，客户反映车辆一切正常，至此，故障彻底排除。

3.3.8 案例精解：丰田普锐斯偶尔不能以纯电动方式行驶故障

◆ 故障现象：

一辆丰田普锐斯混合动力车型在低速行驶时偶尔会出现发动机一直运转，不能以纯电动方式行驶的故障现象。

◆ 维修过程：

❶ 接车后反复试车，使故障现象重现，通过观察发现，在各种用电设备均关闭的情况下，该车发动机怠速运转近 30min，仍不能自动熄火。观察仪表盘右侧的电量指示，当发动机运转时，动力电池（HV）的电量不但没有上升，反而有逐渐下降的趋势。该车发动机停机的条件之一是动力电池（HV）的电量要充足，如果动力电池的电量不足，发动机则不会熄火。当该车的故障症状出现时，动力电池（HV）的电量停止升高，将发动机熄火后再启动，故障现象会自行消失；故障现象消失后，在发动机怠速运转时，动力电池（HV）的电量不断上升，约 10min 后即可充满，此时，发动机自动熄火。

❷ 该车采用丰田第二代混合动力系统，能够根据车辆行驶状态，自动使用 2 种动力源。使用故障检测仪进入电池管理 ECU 和混动电子控制系统 ECU，未发现任何故障代码。

❸ 为进一步分析故障，根据该车扭矩列线图（图 3-50），比较车辆在故障状态与正常状态下的数据。故障状态下，混合动力变速驱动桥中的 MG1 电动机的输出转矩为 0Nm，而正常状态应约为 -6Nm，当 MG1 电动机的输出转矩为负值时，表示 MG1 电动机由发动机驱动，作为发电机使用。故障状态时，MG1 电动机的输出转矩为 0Nm，表示 MG1 电动机处于空载状态，并未发电。

从 HV 的充电状态分析，车辆处于故障状态时，发动机怠速运转 30min，动力电池（HV）的电量长时间维持在 50% 左右；而车辆恢复正常状态时，发动机怠速运转仅 5min 左右，动力电池（HV）的电量已经上升了约 5%。从动力电池的电流输出看，车辆处于故障状态时，电流数据为正值，表明动力电池（HV）正在输出电能，说明发动机正消耗动力电池（HV）的电量来维持自身的运转。正常状态下，动力电池（HV）的输出电流为 -10A，表示其正处于充电状态。因为动力电池（HV）的输出电流是由电流传感器（图 3-51）检测的，这说明动力电池（HV）与用电系统是接通的。

以上数据表明在故障状态下发动机没有带动 MG1 电动机发电。发动机不能正常熄火的原因是动力电池（HV）没有获得充电，故障应该在动力电池（HV）与 MG1 电动机的连接上。

❹ 根据逆变器总成的示意图（图 3-52），在发动机怠速运转时，MG1 电动机作为发电机为动力电池（HV）充电。MG1 电动机的输出电流经过整流器变成直流后，必须经过升压转换器中的场效应管才能到达动力电池（HV）。现在的充电电流为 0A，有两种可能性：一是

电动机或整流器有故障；二是场效应管没有导通。由于MG1电动机及整流器都是三相结构，同时失效的可能性不大。场效应管是受逆变器总成内部的电动机控制单元控制的，混动电子控制系统ECU通过数据总线向电动机控制单元传送控制指令，电动机控制单元根据指令来控制场效应管的导通量。

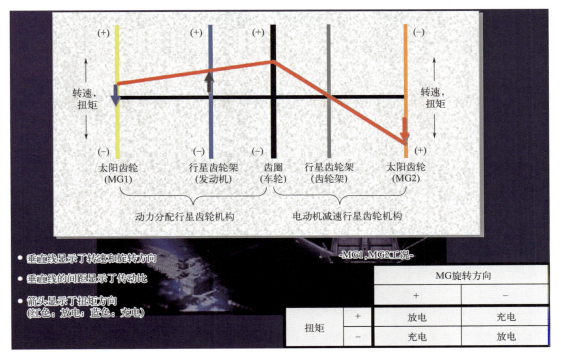

图 3-50　丰田第二代混合动力系统扭矩列线图

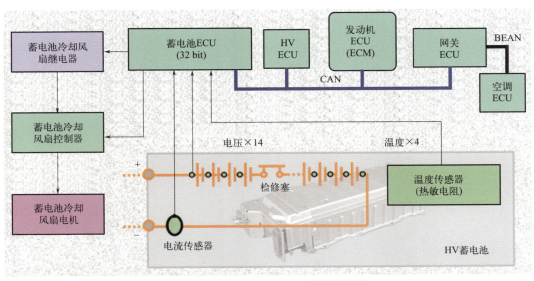

图 3-51　电流传感器在系统中的位置

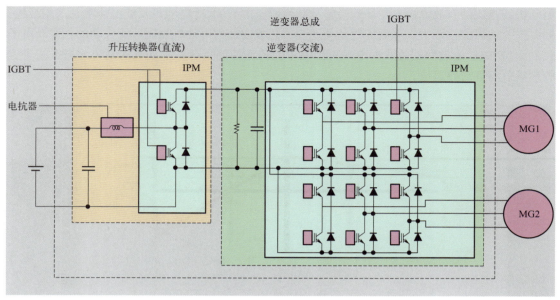

图 3-52 逆变器总成内部结构

❺ 根据偶发故障的排除经验，MG1 电动机线路可能存在接触不良的现象。于是，当故障出现时，在观察数据流的同时，晃动变频器总成的 MG1 电动机控制线束，发现动力电池（HV）的输出电流由正变负，说明其充电恢复了。而晃动线束的部位正好靠近 MG1 电动机导线连接器，这说明故障点就在 MG1 电动机控制线束的连接器内部。

▶ **故障排除：**

断开动力电池（HV）左后侧的检修塞（橙色），隔绝车辆与动力电池（HV）的高压连接，断开 MG1 电动机与变频器的导线连接器，清理并锁紧该连接器三相插座和接线柱，恢复断开的导线连接器和检修塞，反复试车，确认故障彻底排除。

第 4 章

温度控制系统

4.1 空调系统

 原理秒懂：本田 M-NV 自动电动空调原理

空调控制系统根据从各类控制开关及各传感器接收到的信息（光照、湿度、车内温度、车外空气温度），将信号传递处理器经各种控制算法处理后输出控制信号到各电机。

系统通过暖风和冷风的混合比率控制进入车厢的空气温度。空气混合控制电机调节空气混合控制风门以调控至所需的温度。内循环控制电机将内循环控制风门位置切换到"FRESH（外循环）"或"RECIRCULATION（内循环）"。鼓风机电机根据功率晶体管调节的电压改变风量。系统将气流导引至指定区域[VENT（通风）、HEAT/VENT（加热/通风）、HEAT（加热）、HEAT/DEF（加热/除霜）或 DEF（除霜）]。模式控制电机切换模式控制风门至所选位置。

以本田 M-NV 车型为例，自动电动空调系统控制方案如图 4-1 所示。

 原理秒懂：丰田 bZ3 热泵空调原理

丰田 bZ3 制冷剂循环和温水回路配置采用加热泵空调系统。空调系统由 3 条回路构成：放（排）气回路、制冷剂回路和 SLLC 冷却液回路。制冷剂和冷却液在这些回路中进行热交换，执行空调冷却和加热以及高压系统冷却功能。系统采用了一种利用空调系统的制冷循环通过冷却液对动力电池总成进行冷却。热泵空调系统连接回路如图 4-2 所示。

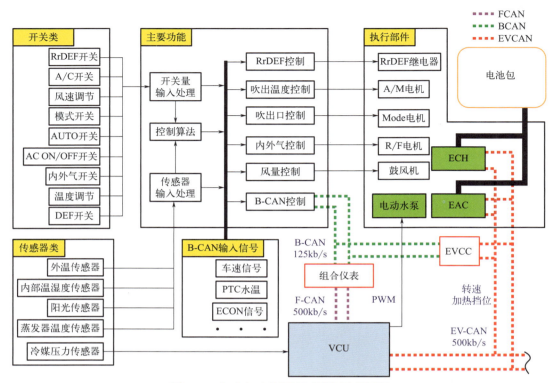

图 4-1 自动电动空调控制系统原理框图

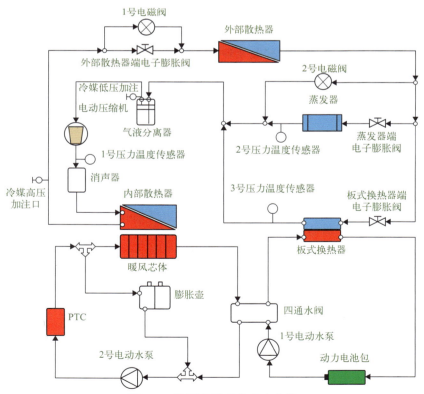

图 4-2 热泵空调系统回路连接

加热泵系统具有以下特性：压缩机吸入外部散热器蒸发吸热的制冷剂，将其压缩成高温高压的制冷剂；高温高压的制冷剂流入内部散热器，将通过内部散热器吹到车内的气流加热；流经内部散热器冷却后的制冷剂通过外部散热器端电子膨胀阀节流泄压在外部散热器中蒸发；在外部散热器、蒸发器吸热后的制冷剂再次吸入压缩机内压缩，如此反复循环。

热泵工作需在 READY 挡电工作，空调以不同模式工作：-10℃以上空调采暖优先为热泵采暖；在热泵采暖能力满足不了需求时，PTC 会接入进行工作，确保采暖效果；根据需要使用电加热器（PTC）以确保有对前后挡风玻璃除雾的热源。

PTC 采暖工况回路如图 4-3 所示。

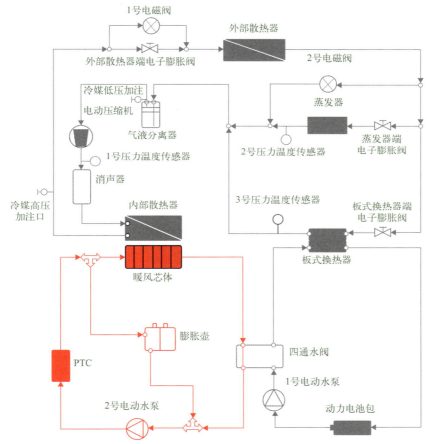

图 4-3　由 PTC 采暖工况下的循环回路

制冷工况时循环回路如图 4-4 所示。

热泵采暖工况时回路如图 4-5 所示。

ECO（经济）模式控制下，为提高续航，夏季打开 ECO 模式时，空调设定温度保持不变，车内温度会控制偏热些，以降低空调电耗。为提高续航，冬季打开 ECO 模式时，空调设定温度保持不变，车内温度控制会偏低些，以降低空调电耗。空调 ECU（IBCM_R）在接收 BCM 电池热管理需求后，会结合当前空调工作状态精度控制电池温度。

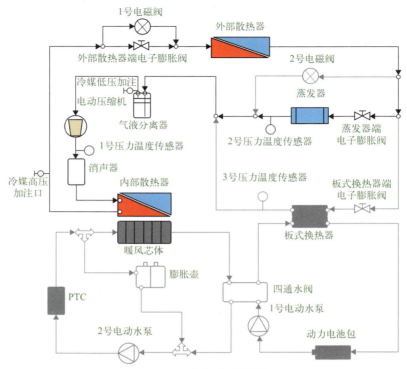

图 4-4 制冷时工作循环

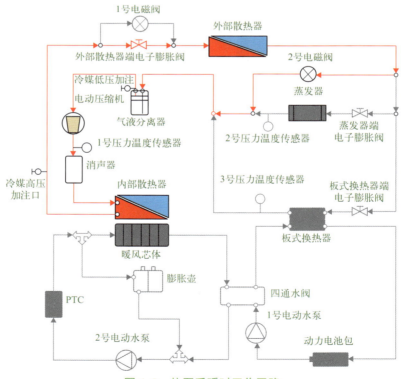

图 4-5 热泵采暖时工作回路

4.1.3 原理秒懂：电动空调压缩机结构与原理

电动压缩机总成如图 4-6 所示进行制冷剂气体的吸气、压缩和排放。

旋转卷轴和固定卷轴产生的压缩室内的容积随旋转卷轴的旋转而增大，从而从进气口吸入制冷剂气体。随着可移动卷轴的偏心运行，高压室的容积变小，从而使吸入的制冷剂被稳定地压缩并排放到固定卷轴中心。在压缩过程中，注入部分压缩的制冷剂。随着可移动卷轴偏心运行，气体注入口与压缩室断开，注入的制冷剂停止流动。可移动卷轴运行完 2 圈后，制冷剂压缩完成。排放制冷剂气体的压缩操作完成且制冷剂压力变高时，推动排放阀以将制冷剂气体从位于固定卷轴中央的排放口排出。扫描封底二维码获取相关视频。

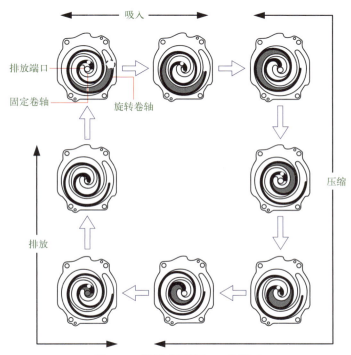

图 4-6 涡旋式压缩机工作循环

如果背压小于所需值，则使用安装在旋转卷轴中的止推阀从压缩室向背压室施加压力以将背压调节到合适的值，如图 4-7 所示。

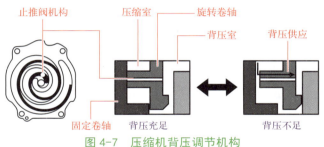

图 4-7 压缩机背压调节机构

4.1.4 部件快拆：大众 ID.3 电动压缩机拆装步骤

下面以大众 ID.3 电动汽车为例图解电动空调压缩机的拆装步骤及注意事项。

❶ 关闭点火开关。

❷ 断开高压系统的电压。

❸ 排空制冷剂循环回路。抽吸制冷剂，然后直接打开制冷剂循环回路。如果抽吸制冷剂后 10min 且未打开制冷剂循环回路，可能会因再蒸发而在制冷剂循环回路中产生压力，请重新抽吸制冷剂。

❹ 拆卸暖风、空调装置进风箱。

❺ 将电插头 2 从空调压缩机 V454-1 上断开并且松脱。

❻ 如图 4-8 所示拆下内十二角花键螺栓 3。安装力矩：20Nm。

❼ 将空调压缩机 V454-1 小心地倾斜。

❽ 拧下 Torx 螺栓 3。安装力矩：22Nm。

❾ 将搭铁线的 Torx 螺栓 4（安装力矩：9Nm）从空调压缩机 V454-1 上拧出。

❿ 如图 4-9 所示将空调压缩机 V454 拆下。

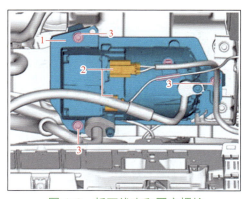

图 4-8　拆下线束和固定螺栓

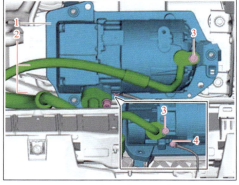

图 4-9　拆下空调压缩机

⓫ 安装顺序与拆卸相反，注意下列事项：从新的压缩机中完全抽取制冷剂油；更换新的压缩机时，注意在制冷剂回路中加入规定的制冷剂油；安装新的空调压缩机后，必须使用笔记本车辆诊断系统 VAS 6150 系列，在引导型故障查询中执行功能"空调压缩机首次运行"。

4.1.5 部件快拆：大众 ID.3 电加热器（PTC）拆装步骤

❶ 关闭点火开关。

❷ 断开高压系统的电压。

❸ 拆下通道支撑件盖板。

❹ 拆下前排乘客侧脚部空间出风口。

❺ 拆卸空调微细粉尘含量传感器。
❻ 翻折地毯并取出阻尼垫。
❼ 断开插头连接3，如图4-10所示。
❽ 如图4-10所示将Torx螺栓2（安装力矩：3Nm）从加热元件（PTC）1Z130-1上拧出。
❾ 断开插头连接3。
❿ 拧下搭铁线螺母并脱开搭铁线。
⓫ 如图4-11所示拧下Torx螺栓2和4。Torx螺栓2：1.5Nm；Torx螺栓4：3Nm。
⓬ 降低加热元件（PTC）1Z130-6，拆下盖板1。

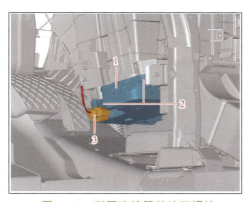

图4-10 断开连接器并拧下螺栓

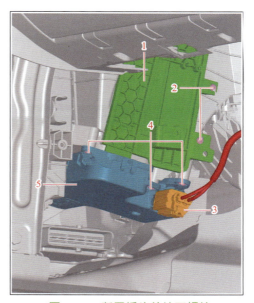

图4-11 断开插头并拧下螺栓

⓭ 拆卸注塑件2，如图4-12所示。
⓮ 沿箭头A方向降低加热元件（PTC）1Z130-1。
⓯ 沿箭头B方向从副驾驶侧取下加热元件（PTC）1Z130-1，如图4-13所示。

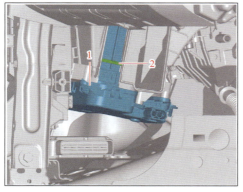

图4-12 拆卸注塑件

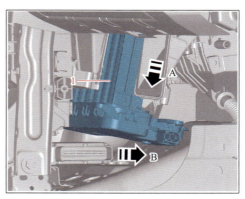

图4-13 拆卸加热元件

⑯ 安装顺序与拆卸相反。
⑰ 重新试运行高压系统。
⑱ 接通点火系统。
⑲ 最好查询发动机控制单元和空调装置控制单元的故障存储器并删除可能显示的条目。
⑳ 最好在安装加热元件（PTC）1Z130 后建立行驶准备就绪状态（发动机不必运行），将加热及空调装置调整到最大加热功率并使加热及空调装置以该设置运行 2min。

4.1.6 设置技巧：大众宝来 BEV 空调系统首次运行不成功的解决办法

▶ 故障现象：

新车 POI 检查时空调面板 AC 开启不了（位置见图 4-14），空调不制冷，鼓风机能正常工作。使用诊断仪读取 08 系统报故障码 B109EF0——"空调压缩机首次运行——未进行"。运行功能引导程序，压缩机首次运行不能成功。

图 4-14 AC 开关位置

（AC开关开启不了，空调不制冷）

▶ 解决方案：

通过自诊断进行基本设置，并删除故障码。

▶ 维修过程：

❶ 操作前请保证车辆 12V 低压蓄电池电量充足。

❷ 打开点火开关，使用诊断仪的自诊断功能，进入 08 空调系统（图 4-15），选择"匹配"，然后选择"压缩机磨合运行基本设置的运行时间"将"输入"修改为 30～120s 范围内的时间均可，需要注意的是必须重新将数值填写一遍，然后点击"运用"，之后再回到自诊断界面。

❸ 注意压缩机磨合运行的持续时间是 60s（图 4-16），这个时间不要更改。

❹ 在自诊断界面选择"基本设置"—"压缩机磨合"-"自动启动"—"开始运行"，在基本设定过程中，不要去按动空调面板的任何按键。设置过程中，AC 按钮灯最初会不停闪烁，到最后 10s 左右，AC 按钮的灯闪烁频率会更快，最后熄灭。之后清除故障码，空调就能正常工作，车辆功能恢复正常。

图 4-15　进入自诊断功能

图 4-16　压缩机运行磨合时间

4.1.7　设置技巧：大众迈腾 GTE 车型空调压缩机软件不兼容解决办法

▶ **故障现象：**

检查车辆发动机排放灯亮，空调不工作。使用诊断仪读取 08 系统报故障码（图 4-17）：FFC32A U032A00 电动空调压缩机，软件不兼容。执行空调控制单元的软件配置、在线编码、功能恢复等操作都不能解决问题。

▶ **解决方案：**

通过自诊断进行基本设置，并通过引导程序删除故障码。

▶ **维修过程：**

❶ 操作前应保证车辆 12V 低压蓄电池电量充足。

❷ 打开点火开关，使用诊断仪的自诊断功能进入 08 空调系统，选择"基本设置"，然后选择"建立与空调压缩机之间的故障显示兼容性"，然后点击"开始"，等待显示变为"正确结果"，如图 4-18 所示。

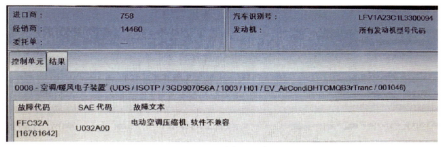

图 4-17　08 系统报故障码界面

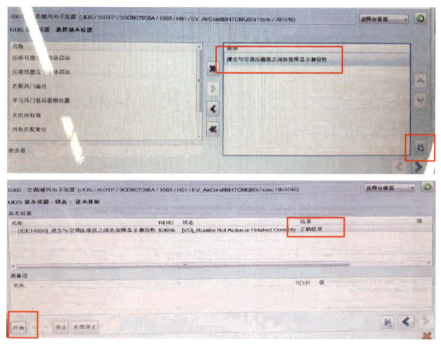

图 4-18　基本设置界面

❸ 操作完成后，软件不兼容的故障码会变成被动 I 偶发，此时可以清除（图 4-19）。需要注意的是必须通过引导功能清除故障码，否则容易再次出现软件不兼容的故障码。

4.1.8　案例精解：大众宝来 BEV 车型空调不制冷并产生高压供电故障

▶ **故障现象：**

车辆空调不制冷。

▶ **维修过程：**

❶ 使用诊断仪读取 8C 系统报故障码：B1453F0 空调压缩机，高压供电故障；P0D6800 空调压缩机电机电压传感器 1，电气故障；P0EA800 空调压缩机电机电压传感器 2，电气故障。

❷ 打开点火开关，检测压缩机供电电压为 8.44V；检测 PTC 供电电压为 8.53V，如图 4-20 所示；两项电压均不正常，正常应为 350V 以上的高压。

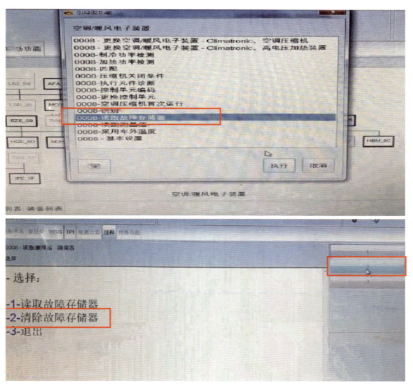

图 4-19 清除系统故障码

(a) 空调压缩机供电电压

(b) PTC加热器供电电压

图 4-20 压缩机与 PTC 供电测量

❸ 检测 JX1 对充电机的供电为 8.60V，如图 4-21 所示，电压不正常，正常应为 35CV 以上的高压；检测电路图如图 4-22 所示。

图 4-21 JX1 对充电机供电电压

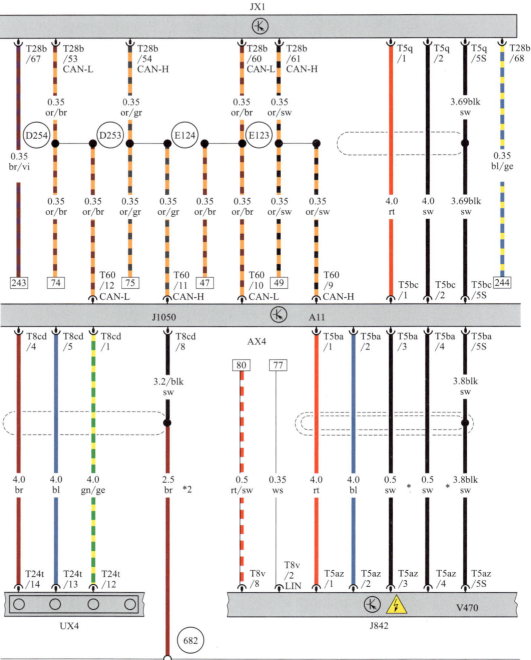

AX4—动力电池充电装置1；A11—车载充电装置；JX1—电驱动装置的功率及控制电子系统；J842—空调压缩机控制单元；J1050—动力电池充电器控制单元；T5az—5芯插头连接，蓝色；T5ba—5芯插头连接，黑色；T5bc—5芯插头连接，黑色；T5q—5芯插头连接，橙色；T8cd—8芯插头连接；T8v—8芯插头连接；T24t—24芯插头连接；T28b—28芯插头连接，黑色；T60—60芯插头连接，黑色；UX4—动力电池充电插座1；V470—电动空调压缩机；682—右后侧面车身件内的接地点2；D253—连接1(混合动力CAN总线，高)，在发动机预接线导线束中；D254—连接1(混合动力CAN总线，低)，在发动机预接线导线束中；E123—连接1(驱动CAN总线，高)，在发动机导线束中；E124—连接1(驱动CAN总线，低)，在发动机导线束中；J848—高压加热装置(PTC)的控制单元；T5bb—5芯插头连接，黑色；T5be—5芯插头连接，黑色；T8z—8芯插头连接，黑色；Z115—高压加热装置(PTC)；221—接地连接(发动机接地)，在发动机导线束中；672—左前纵梁上的接地点2；717—前左横梁上的接地点；778—高压加热装置(PTC)的接地点；803—横梁上的行驶电机接地点；*—控制导引线；

*2—高压充电配电器/高压充电插座的高压线1(P18)

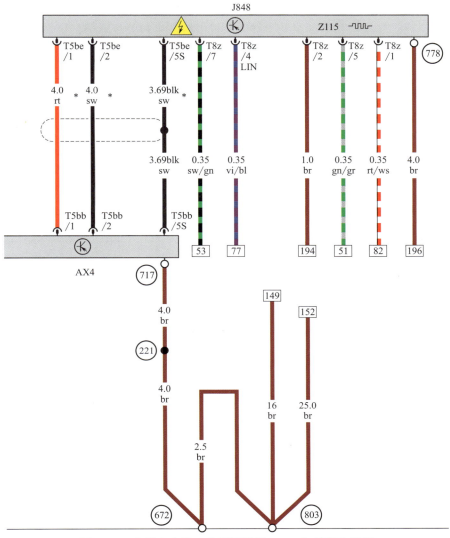

图 4-22 车载充电机、空调压缩机、PTC 加热器电路图

❹ 关闭点火开关，然后检测 JX1 中的保险 S353，发现保险丝已经熔断。需要注意的是从保险丝外观并不能看出是否已经损坏，必须使用仪表测量，如图 4-23 所示。

图 4-23 保险丝 S353 熔断

❺ 车辆因为功率电子 JX1 的保险丝 S353 熔断而无法正常对充电机、空调压缩机、PTC 提供高压电,此时如果操作空调系统,空调系统内会产生相关故障码,更换该保险丝即可。保险丝电路如图 4-24 所示。

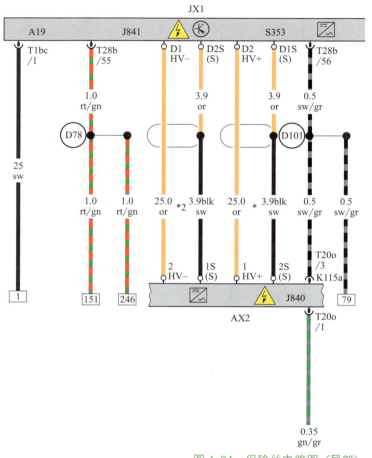

图 4-24 保险丝电路图(局部)

▶ 故障排除:

更换保险丝 S353。

4.2 加热系统(PTC)

4.2.1 原理秒懂:宝马 i3 电加热器 PTC 结构原理

冷却液在电气加热装置内加热并通过电动冷却液泵(20W)循环。变热的冷却液流经车内的暖风热交换器并在此释放出热量。最终加热的空气通过鼓风机到达车内。制冷剂从暖风热交换器输送至冷却液补液罐。电加热系统组成部件如图 4-25 所示。

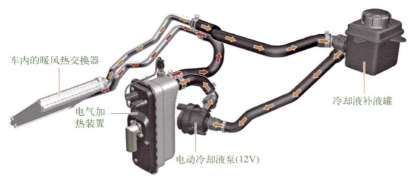

图 4-25　电加热系统组成部件

标准配置的车内加热装置结构如图 4-26 所示。扫描封底二维码获取相关视频。

图 4-26　PTC（电加热器）结构

电气加热装置的最大电功率为 4.5kW（280V、20A）。电气加热装置通过 3 个功率分别为 0.75kW、1.5kW 和 .25kW 的加热线圈实现功能。在电气加热装置内通过电子开关（Power MOSFET）切换加热线圈线路（单独或一起）。电气加热系统原理框图如图 4-27 所示。

流经各线路的电流经过测量并由电气加热装置控制单元进行控制。电压范围为 250～400V 时，最大电流为 20 A。高于和低于该电压范围时就会降低功率。耗电量提高时，通过关闭硬件中断能量供应。

该电路的设计确保即使控制单元出现故障也能有效断开供电。冷却液温度通过电气加热装置输出端的一个传感器进行测量。在电气加热装置内断开高压电路与低电压电路之间的导电连接。

在低电压插头上带有 LIN 总线接口和供电装置（总线端 30B）。在高压插头内，除高压触点外还集成有一个电桥。高压插头内的电桥触点采用前置式设计。也就是说，拔出高压插头时首先断开高压电桥触点，这样可以断开控制单元（EH）供电。因此在还未完全拔出高压插头前，也会断开高压供电。这样可以确保在高压触点上不会形成电弧。高压触点采取了防触摸保护措施。电气加热装置的高压插头不是高压接触监控电路的组成部分。

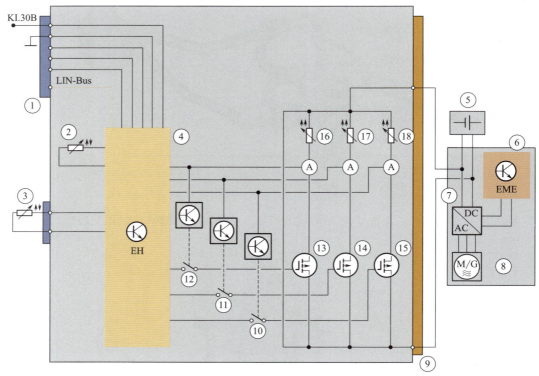

图 4-27 电气加热装置系统原理框图

1—低电压插头；2—电气加热装置控制单元印刷电路板温度传感器；3—回流管路内冷却液温度传感器；4—电气加热装置（控制单元）；5—动力电池；6—电机电子装置；7—EME 内的双向 AC-DC 转换器；8—电机；9—电气加热装置上的高压插头；10—加热线圈 3 内电流过高时关闭硬件；11—加热线圈 2 内电流过高时关闭硬件；12—加热线圈 1 内电流过高时关闭硬件；13—用于加热线圈 1 的电子开关（Power MOSFET）；14—用于加热线圈 2 的电子开关（Power MOSFET）；15—用于加热线圈 3 的电子开关（Power MOSFET）；16—加热线圈 1；17—加热线圈 2；18—加热线圈 3

4.2.2 部件快拆：大众 ID.3 加热元件 PTC 部件拆装

❶ 关闭点火开关。
❷ 断开高压系统的电压。
❸ 拆卸暖风、空调装置进风箱。
❹ 使用软管夹 S3094 或 3094 夹住冷却液软管 3。
❺ 断开卡箍 2 并从加热元件（PTC）3 -Z132-1 上拔下冷却液软管 3，如图 4-28 所示。
❻ 如图 4-29 所示，拧下六角法兰螺母 2，安装力矩：9Nm。
❼ 取下搭铁线 3。
❽ 从加热元件（PTC）3Z132-1 的支架上松开线束卡扣 5。
❾ 断开插头连接 4 和 6，如图 4-29 所示。
❿ 从加热元件（PTC）3Z132-1 上脱开插头连接 2，如图 4-30 所示。
⓫ 将冷却液软管推向一旁并拧下内十二角花键螺栓 2，安装力矩：20Nm，如图 4-31 所示。
⓬ 如图 4-31 所示取下加热元件（PTC）3-Z132-1。

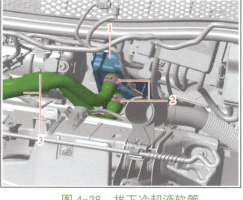
图 4-28　拔下冷却液软管

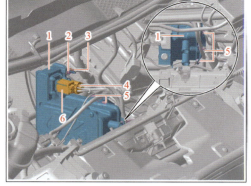
图 4-29　断开各种连接线束

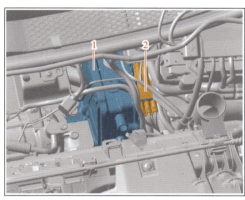
图 4-30　脱开插头连接

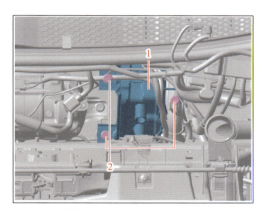
图 4-31　取下加热元件

安装顺序与拆卸相反，注意下列事项。

❶ 安装冷却液软管前检查弹性卡箍和防松卡子，如变形或损坏需更换。

❷ 重新试运行高压系统。

❸ 接通点火系统。

❹ 最好查询发动机控制单元 J623 和空调装置控制单元的故障存储器并删除可能显示的条目。

❺ 最好在安装加热元件（PTC）3-Z132 后建立行驶准备就绪状态（发动机不必运行），将加热及空调装置调整到最大加热功率并使加热及空调装置以该设置运行 2min。

4.2.3　案例精解：大众 ID.4 CROZZ 电动汽车无法上高压电故障

▶ **故障现象：**

一辆累计行驶里程约为 1 万公里的大众 ID.4 CROZZ 电动汽车，车辆因无法上高压电而被拖至服务店进行检修。

▶ **维修过程：**

❶ 按压启动开关，车辆电源模式能正常切换到 ON 模式。踩下制动踏板，将选挡开关发至 D 挡，车辆无法进入 Ready 状态，仪表盘上的驱动系统故障灯等异常点亮，仪表盘提示"故

障：驱动系统。请去维修站""电驱动装置工作不正确。请立即安全停车"，如图 4-32 所示。

图 4-32　仪表提示故障信息

❷ 连接故障检测仪（VAS6150E）进行检测，在多个控制单元内存储有故障代码"U112300 数据总线接收到的故障值"，为偶发故障；在动力电池管理控制单元内存储有故障代码"P0AA600 混合动力/动力电池系统绝缘故障"。记录并尝试清除故障代码，故障代码可以清除。踩下制动踏板，将选挡开关拨至 D 挡，车辆依旧无法进入 Ready 状态。

❸ 读取动力电池管理控制单元测量值，如图 4-33 所示，发现整个高压系统正极绝缘电阻的值为 0kΩ。根据上述检查，初步判断该车高压系统绝缘电阻存在异常，进而导致无法上高压电，于是决定对高压系统的绝缘电阻进行检测。

图 4-33　诊断仪读取的测量值信息

❹ 该车的高压系统以动力电池（AX2）为核心部件，如图 4-34 所示动力电池上的 3 个高压连接器接口（DC 接口、AUX 接口和 TN 接口）通过高压电缆连接高压系统其他组件，其中，DC 接口与动力电池充电插座（UX4）连接；AUX 接口与动力电池充电器（AX4）、DC-DC 变压器（A19）、空调压缩机（VX81）、高电压加热装置（ZX17）、加热元件 3（Z132）5 个高压组件连接；TN 接口与电驱动装置的功率及控制电子系统（JX1）连接。

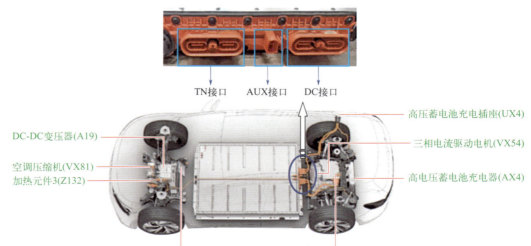

图 4-34　动力电池高压连接端子

❺ 用 VAS6150E 进行诊断断电,由于系统存在故障无法完成诊断断电。进行手动断电并验电后开始测量高压系统绝缘电阻,脱开动力电池上的 DC 连接器,连接高压检测适配器 VAS6558/32 至动力电池的 DC 接口上,测量 DC 接口端子 HV+、端子 HV- 的绝缘电阻均为 11.73MΩ,绝缘电阻正常;将高压检测适配器 VAS6558/32 连接至 DC 连接器上,测得 DC 连接器端子 HV+、端子 HV- 的绝缘电阻均≥ 500MΩ,绝缘电阻正常。

❻ 按照上述的测试方法,脱开动力电池上的 TN 连接器,连接高压检测适配器 VAS6558/32 至动力电池的 TN 接口上,测得 TN 接口端子 HV+、端子 HV- 的绝缘电阻均≥ 500MΩ,绝缘电阻正常;测得 TN 连接器端子 HV+、端子 HV- 的绝缘电阻均为 3.63MΩ,绝缘电阻正常。

❼ 脱开动力电池上的 AUX 连接器,连接高压检测适配器 VAS6558/33 至动力电池的 AUX 接口上,测得 AUX 接口端子 HV+、端子 HV- 的绝缘电阻均≥ 500MΩ,绝缘电阻正常;测得 AUX 连接器端子 HV+、端子 HV- 的绝缘电阻均为 111kΩ,减去高压检测适配器 VAS6558/33 内的 100kΩ 电阻,绝缘电阻为 11kΩ,远小于 3MΩ,绝缘电阻异常。

❽ AUX 连接器上并联着动力电池充电器(AX4)、DC-DC 变压器(A19)、空调压缩机(VX81)、高电压加热装置(ZX17)、加热元件 3(Z132)5 个高压部件,逐个断开上述高压部件并进行绝缘电阻测量,当脱开加热元件 3(Z132)高压连接器时,测得 AUX 连接器端子 HV+、端子 HV- 的绝缘电阻均≥ 500MΩ。

❾ 用万用表电阻挡测量加热元件 3(Z132)端子 1 与搭铁之间的电阻,为 10.68kΩ,测得端子 2 与搭铁之间的电阻为 159kΩ,测得端子 1 与端子 2 之间的电阻为 137kΩ。从配件部借来一个新的加热元件 3(Z132),测得加热元件 3(Z132)端子 1、端子 2 与搭铁之间的电阻均为∞,测得端子 1 与端子 2 之间的电阻为 129kΩ。根据上述检查,判断加热元件 3(Z132)内部存在故障,使得高压系统绝缘电阻过低,进而导致车辆无法上高压电。

▶ **故障排除:**

更换加热元件 3(Z132)后试车,车辆能够进入 Ready 状态,至此故障排除。

4.3 冷却系统

4.3.1 原理秒懂:丰田 bZ3 动力电池加热与冷却原理

动力电池包采用与空调系统制冷剂回路联动的水冷型系统以冷却动力电池。流向动力电池的冷却液流经安装在空调制冷剂回路中的板换进行冷却。板式换热器中积聚的热量通过安装在空调制冷剂回路中车外换热器释放到外部空气中。

在板换中冷却的冷却液流经位于动力电池下表面的冷却液管路,从而冷却动力电池。冷却液通道流经四通阀并在电池热管理水泵(带电动机的水泵总成)处排出,将通过动力电池加热的冷却液送至板换以再次冷却,从而继续循环,回路部件如图 4-35 所示。

加热动力电池时,PTC 水加热器总成通电,加热流经 PTC 水加热器总成的冷却液,从而加热动力电池。回路部件如图 4-36 所示。

电池管理控制器(BMC)接收来自电池信息采集器(BIC)温度传感器的信号,处理后发送热管理水泵占空比需求给暖风电动水泵（ACD），ACD驱动水泵。

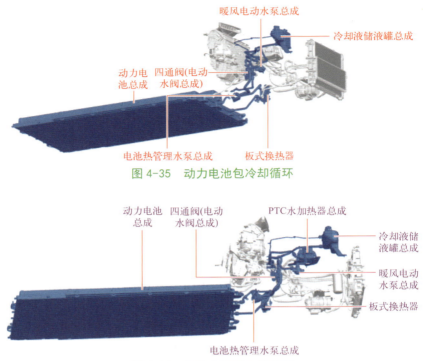

图4-35　动力电池包冷却循环

图4-36　动力电池包加热循环

动力电池温度低时，BMC发送需求加热给ACD，ACD驱动电加热器（PTC）工作给动力电池加热。

4.3.2　原理秒懂：丰田bZ3电驱系统冷却控制方式

整车控制器接收来自CDU冷却液温度传感器的信号。根据该信息，整车控制器发送占空比信号以操作电动机冷却水泵，继而冷却电动机控制逆变器总成。系统控制原理如图4-37所示。

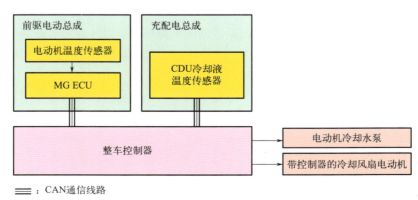

图4-37　驱动电机冷却控制原理

冷却液温度升高至高于规定值时，整车控制器操作冷却风扇以冷却冷却液，进而冷却电动机控制逆变器总成。

4.3.3 部件快拆：丰田 bZ3 电动汽车电机控制器电动水泵拆装

❶ 拆卸前保险杠下护板。
❷ 排空冷却液（电机控制器）。
❸ 如图 4-38 所示滑动卡子并断开冷却管总成。
❹ 如图 4-39 所示滑动卡子并断开冷却管总成。
❺ 如图 4-40 所示断开连接器。拆下 2 个螺栓（扭矩：10Nm），并拆下电机控制器电动水泵总成。
❻ 安装按与拆卸相反的顺序进行，并按规定扭矩紧固螺栓。

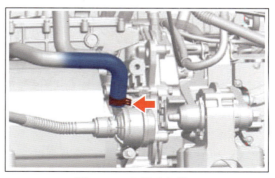

图 4-38　断开冷却管 1

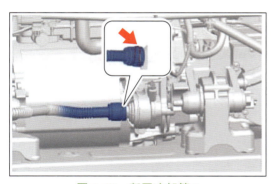

图 4-39　断开冷却管 2

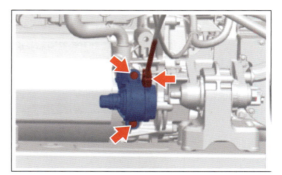

图 4-40　断开连接器

4.3.4 故障速诊：马自达 CX-30 EV 热管理系统故障诊断

以马自达 CX-30 EV 车型为例，利用诊断仪读取系统故障码，可以针对故障码内容提示及诊断引导进行故障排除，相关信息扫描封底二维码获取。

4.3.5 案例精解：福特锐际 PHEV 亮发动机故障灯、加油没反应故障

▶ **故障现象：**

一辆行驶里程为 33km 的锐际插电混动车型，该车仪表点亮时出现发动机故障灯，同时有时踩油门没有反应，加油不走车。如图 4-41 所示。

图 4-41　仪表显示故障信息

> **维修过程：**

❶ 利用 FDRS 对车辆进行诊断测试，有故障码 BECM-P2D01 电机电子器件冷却液泵 A 过速/系统进气的故障码存在，如图 4-42 所示。

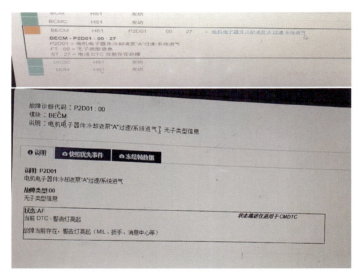

图 4-42　诊断仪读取的故障码

❷ 清除故障码后，进行路试，行走 1km 左右，依旧触发 BECM-P2D01 电机电子器件冷却液泵 A 过速故障代码。

❸ 进入到 BECM 查看冷却液泵的数据，动作正常，用手触摸电动机冷却液泵可明显感觉到动静，于是同试驾车电动机冷却液泵进行对调，拆下后明显可感觉故障车上水管内流出的冷却液比正常车辆偏少，只接出 100mL 左右的冷却液，而正常车辆接出了大概 400mL 左右的冷却液。

❹ 利用 FDRS 使电动动力系统冷却系统运行冷却液加注和泄放，进行主动命令排空，如图 4-43 所示。

❺ 等待程序排空完成后，检查发现电动机冷却液副水壶内已经无明显防冻液，锐际 PHEV 副水壶结构同其他车不同，它同时作为发动机散热副水壶和电动机散热副水壶整合在

一起，两个系统分别独立，有单独两个水壶盖。如图 4-44 内侧水壶实则为电动机的冷却液水壶，重新添加至标准液位后，清除故障码试车 10km 左右故障不再出现，将车辆举升检查整个电动机散热系统未见渗漏及水管卡箍未释放的情况。

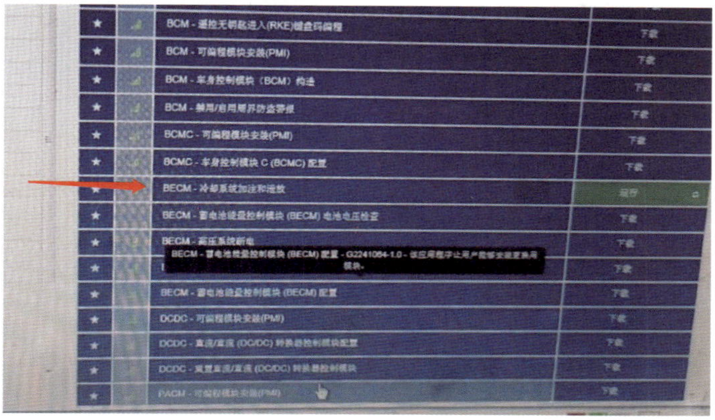

图 4-43　通过诊断仪运行系统

图 4-44　副水壶位置

> **故障排除：**
> 电动机冷却液填充添加至标准量。

第 5 章

智能底盘系统

5.1　电子悬架（EDC）

5.1.1　结构秒认：路虎揽胜 PHEV 车型空气悬架系统

　　前悬架采用完全独立的多连杆式设计，悬架部件连接到副架和车身上。为了使轮距和车轮外倾角的改动最小化，对上下叉形控制臂之间的长度比进行了计算。前副架连接到车身。这种刚性安装设计可为驾驶员提供最佳转向感。

　　车轮转向节连接到上部和下部的叉形控制臂上。横向稳定杆连接到前减振器轴轭上。空气弹簧和减振器总成位于下部控制臂与内部翼板中的前悬架壳体之间。前悬架部件分解如图 5-1 所示。

　　减振器总成是带有空气弹簧的单管设计。减振器的下端配备有拨叉，与后下臂相连。减振器拨叉还包括一个安装稳定杆连杆的定位孔。减振器顶部固定到顶部安装架上。

　　减振器通过限制流经减振器内部管道的液压油流量来工作。当减振器杆在减振器内轴向移动时，其移动幅度受到流经管道的油液流量的限制，从而针对地面的起伏不平提供减振效应。减振器体上的减振器杆出口点处采用了密封，借以保持单元内的油液，并防止灰尘和湿气进入。密封还整合了一个刮擦装置，以保持减振器杆清洁。

　　空气弹簧包括铝制限制气缸、顶部安装架、顶部安装架壳体、弹簧辅助装置、空气套筒、内支撑铝制空气弹簧活塞和下部隔离装置。底部安装了一个橡胶防尘罩。下部防尘罩为回旋设计，通过金属卡夹限制气缸，并由一个夹在减振器上的塑料环连接到减振器。

　　空气套筒由柔韧的橡胶材料制成，使套筒能够随着车辆高度变化上下侧翻空气弹簧活塞。空气套筒通过进行空气密封的波纹环连至空气弹簧活塞和顶部安装架壳体，并被限制气缸包围。空气弹簧活塞装有弹簧隔离器，该隔离器包含将活塞总成连接到减振器体的 O 形密封圈。空气套筒的顶部压接到顶部安装架壳体，后者通过3个螺栓连至车身。

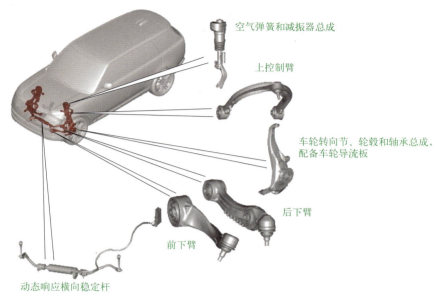

图 5-1 多连杆前独立悬架

弹簧辅助装置安装在与减振器杆在同一中心的顶部安装架壳体上，可在完全悬架压缩过程中防止顶部安装架壳体接触安装在减振器顶部的防撞盖板。空气悬架下端位于减振器主体上方，置于减振器主体的钢筋座上，减振器杆位于顶部支架内的中心孔中。

顶部安装架衬套是空气弹簧总成不可或缺的部分，并且装配了动态密封件。顶部安装架衬套通过螺母固定在减振器杆上。顶部安装架壳体通过3个螺栓连接到车身上的悬架塔架上。顶部安装架壳体还包含一个空气接头，能够连接空气管道。减振器与空气悬架结构如图 5-2 所示。

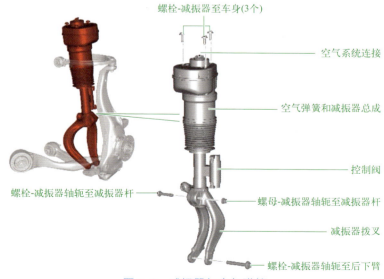

图 5-2 减振器与空气弹簧

独立式五连杆后悬架可减小非弹簧承载重量。悬架与铝制副车架结合使用，可最大化行驶的动态性能、操作和转向的精致度，并减小振动。后悬架部件分解如图 5-3 所示。

图 5-3　五连杆后独立悬架

自适应减振（AD）系统是一种电子控制的悬架系统，系统组成如图 5-4 所示。

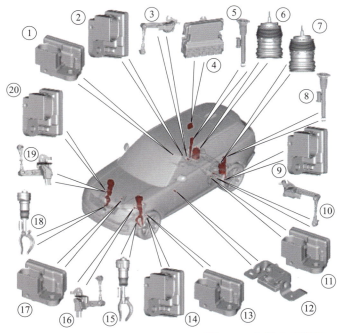

1—右后车身加速度传感器；
2—右后轮毂加速度传感器；
3—右后高度传感器；
4—底盘控制模块(CHCM)；
5—右后自适应减振器；
6—右后空气弹簧；
7—左后空气弹簧；
8—左后自适应减振器；
9—左后轮毂加速度传感器；
10—左后高度传感器；
11—左后车身加速度传感器；
12—中央加速计；
13—左前车身加速度传感器；
14—左前轮毂加速度传感器；
15—左前自适应减振器和弹簧总成；
16—左前高度传感器；
17—右前车身加速度传感器；
18—右前自适应减振器和弹簧总成；
19—右前高度传感器；
20—右前轮毂加速度传感器

图 5-4　自适应减振器

空气悬架系统是一种 4 角式系统，由 CHCM 进行电子控制。CHCM 接收来自 4 个高度传感器的输入信号。CHCM 操作悬架供气装置和 2 个阀块。系统组成部件如图 5-5 所示。

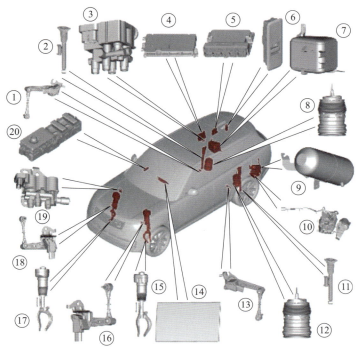

1—右后高度传感器；
2—右后减振器；
3—后阀块；
4—底盘控制模块B(CHCMB)；
5—CHCM；
6—空气悬架开关组-行李箱；
7—储气罐；
8—右后空气弹簧；
9—储气罐；
10—悬架供气装置；
11—左后减振器；
12—左后空气弹簧；
13—左后高度传感器；
14—交互式显示模块"A"〔IDMA，集成了空气悬架控制功能〕；
15—左前空气弹簧和减振器；
16—左前高度传感器；
17—右前空气弹簧和减振器；
18—右前高度传感器；
19—前阀块；
20—驾驶员车门开关总成

图 5-5　空气悬架系统

5.1.2　原理秒懂：路虎揽胜 PHEV 车型空气悬架原理

自适应减振系统对现有驾驶条件做出反应，持续不断地调节悬架减振器的减振特性。该系统由 CHCM 进行控制。CHCM 接收来自 3 个加速度传感器、4 个高度传感器和其他车辆系统的信号，用来确定：车辆状态、车身和车轮移行状态、驾驶员操作输入。

CHCM 使用这些信号将每个减振器的减振特性持续控制到适当的水平，以提供最佳的车身控制和车辆驾乘体验。系统原理框图如图 5-6 所示。

空气悬架系统通过控制空气弹簧中的空气量来维持所有操作条件下的车辆高度。CHCM 使用来自 4 个高度传感器的信号来保持任何车辆负载条件下的正确悬架高度。此外，系统允许驾驶员请求底盘高度变动，借以改善越野性能或者为出入车辆或载货提供便利。这是通过 CHCM 操作气动控制阀来增加或减少空气弹簧中的空气质量来实现的。

空气悬架系统具有 5 个驾驶员可选的、预设定的底盘高度状态。驾驶员界面标示选定的行驶状态和高度变化运动。此外还会通过仪表盘信息中心，以及仪表盘控制模块（IPC）专输的音频报警向驾驶员传送额外信息。空气悬架控制原理框图如图 5-7 所示。

CHCM 执行车载诊断（OBD）功能，对系统执行"运行状况检查"。如果检测到故障，将会在控制模块中存储故障诊断码（DTC），并可使用捷豹路虎认可的诊断设备来检索这些代码。

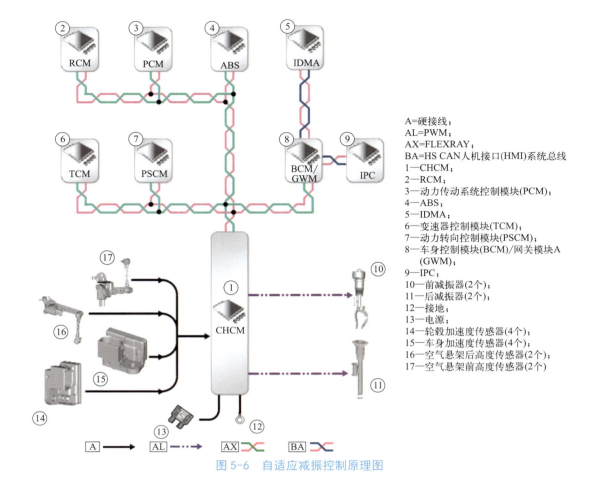

图 5-6 自适应减振控制原理图

5.1.3 案例精解：路虎揽胜 PHEV 空气悬挂故障

▶ **故障现象：**

车主日常用车后，次日发现车辆整体高度显著降低，车身几乎贴地。启动车辆后，车身高度无法恢复。

▶ **维修过程：**

❶ 通过专业检测工具获得故障代码 C1131-92、C1A20-64；同时，压缩机在运行数秒后机油供应停止。

❷ 首先检测空气压缩机的供电情况，发现工作时有 12V 电压。然而，即便使用电脑激活压缩机，其仍无法正常工作。尝试更换压缩机、悬架控制模块以及压缩机继电器，均未能解决问题。

❸ 分析故障代码 C1A20-64，这通常与储气罐加注时压力上升过慢或信号合理性故障相关。可能的原因包括压缩机性能下降、系统管道泄漏或减振器泄漏等。

❹ 使用检漏工具进行系统泄漏测试，结果发现管路存在泄漏。

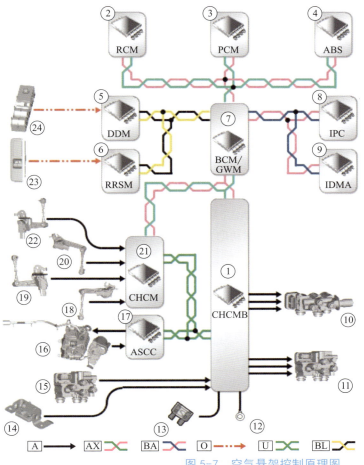

图 5-7 空气悬架控制原理图

❺ 进一步的检查，车辆右前部的空气管路出现破损。破损的原因竟是车辆燃油辅助加热器的排气管路高温烫穿了空气管道，导致系统泄漏，如图 5-8 所示。压缩机工作时因检测到压力上升缓慢，为防止过热而自动停机。

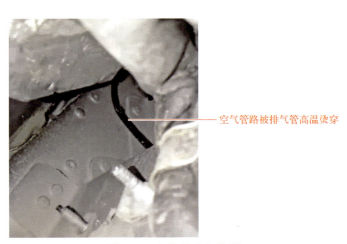

图 5-8 车辆故障点位置

> **故障排除：**

更换损坏的空气管路后，故障得以排除。

5.2 智能制动（IPB）

5.2.1 结构秒认：eBKV 制动系统结构与功能

以大众电动汽车所采用的 eBKV 制动系统为例。该制动系统包括以下部件：串联式制动主缸，车轮制动器，电子机械式制动助力器，ESC/ABS 系统，制动系统蓄压器和三相电流驱动装置，组成部件如图 5-9 所示。通过电子机械式制动助力器增强驾驶员施加的制动踏板力。扫描封底二维码获取相关视频。

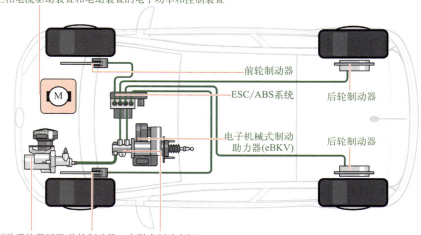

图 5-9 eBKV 制动系统部件分布

可实现制动能量回收的制动系统是专为配备三相电流驱动装置的车辆而开发的。在发电机运行模式下，三相电流驱动装置会根据转速、动力电池的温度及电量产生制动效果。这种相互关系会导致不稳定的电子制动，因此必要时需要通过液压进行补偿。这种电子和液压制动之间的交替变化被称为联合制动（Brake Blending）。由此回收的能量将提供给动力电池电驱动装置的电子功率和控制系统。在驾驶员制动期间，制动系统利用三相电流驱动装置的制动潜力，增加电动车辆的行驶距离。

可实现制动能量回收的制动系统包括：电子机械式制动助力器（eBKV），串联式制动主缸，制动系统蓄压器 VX70，三相电流驱动装置 VX54 和电动装置的电子功率和控制装置 JX1，如图 5-10 所示。

制动助力通过电子机械式制动助力器（eBKV）产生。eBKV 的优点包括：不依赖低压的制动助力器，联合制动功能，改进的压力升高动态特性，较高的压力点精度和均匀的制动踏板特性/踏板力。

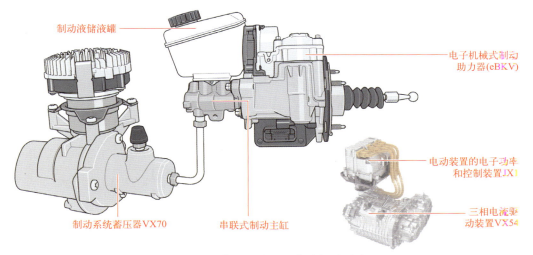

图 5-10 带制动能量回收的制动系统

电子机械式制动助力器安装在发动机舱中。它与制动系统蓄压器 VX70 和 ESC/ABS 相连接。电子机械式制动助力器包括：制动助力器控制单元 J539，发动机/变速箱单元，eBKV 推杆和串联式制动主缸，如图 5-11 所示。扫描封底二维码获取相关视频。

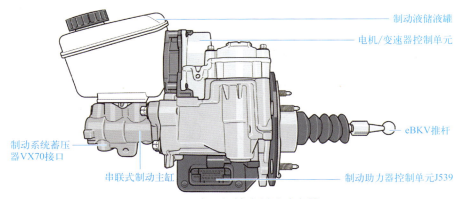

图 5-11 电子机械式制动助力器

驾驶员踩下制动踏板。通过推杆对踏板力进行控制并通过活塞杆传递到串联式制动主缸。为此将推杆以特定值向左移动。该数值通过制动踏板位置传感器 G100 传输到制动助力器控制单元 J539。同时 eBKV 识别发动机位置。这一信息由安装在发动机/变速箱单元中的制动助力器的发动机位置传感器 G840 提供。通过驾驶员制动要求信息和发动机位置，eBKV 的制动助力器控制单元 J539 计算出所需的制动助力。在此加强套筒从轴向运动的小齿轮轴向左侧移动，为驾驶员施加的踏板力提供支持。制动力通过 e-Golf 中的 eBKV 提高了 6 倍。电子制动助力器内部结构如图 5-12 所示。

制动灯和制动测试信号通过 eBKV 的制动踏板位置传感器 G100 进行控制。

制动系统蓄压器 VX70 储存根据需求供应的制动液，并将其流回到制动系统中，目的是降低制动压力。制动系统蓄压器 VX70 与串联式制动主缸直接连接。如果车辆通过三相电流驱动装置 VX54（发电机运行模式）制动，则未使用的制动液将储存在制动系统蓄压器 VX70

中。蓄压器内部结构如图 5-13 所示。

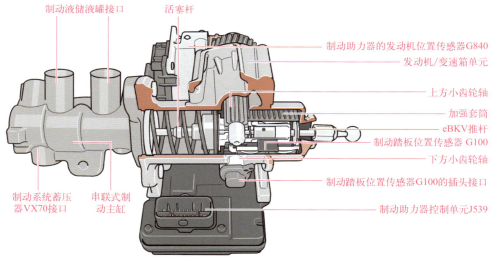

图 5-12 制动助力器内部构造

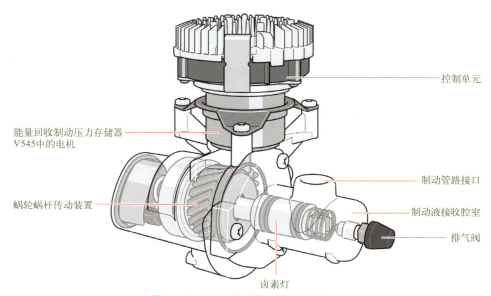

图 5-13 制动系统蓄压器 VX70 结构

通过系统元件实现联合制动功能。如果制动助力器控制单元 J539 识别到发电机制动力不充分，则制动液在压力下从制动系统蓄压器 VX70 被输送到制动系统中。信号由制动助力器控制单元 J539 发送到制动系统蓄压器 VX70 控制单元。如果有足够的发电机制动力，则卸载车轮制动器上的制动压力，这是通过接收制动系统蓄压器 VX70 中的制动液实现的。为此应将活塞通过发动机拉回到能量回收制动压力存储器 V545 中。根据法律规定，应对三相电流驱动装置不稳定的电子制动进行自动补偿。制动期间电子和液压制动之间的切换被称为联合制动。无论是通过电子（通过三相电流驱动装置）或是液压（通过车轮制动器）的制动方式，目的是使制动踏板上的力和行程始终相同。

5.2.2 原理秒懂：制动能量回收原理

在技术上，"再生"这一名词一般指能量回收再利用的过程。在能量再生过程中，当前形式的能量被转换为另一种形式，以便重新利用。

在动力及传动系统中，燃料中的化学能被转换为动能。如果采用传统的制动方式进行制动，制动摩擦产生的多余动能会转化为热能，并散发到周围环境中，不能被重新利用。能量回收原理如图5-14所示。

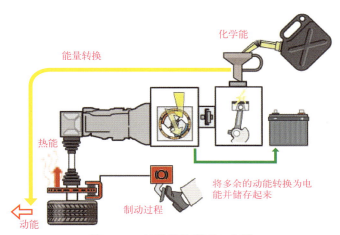

图5-14 能量回收原理示意图

反之，如在混合动力技术中，我们在传统制动的基础上加一个发电机用作电机制动，一部分动能就会以电能的形式被回收，以便重新利用，车辆的能量平衡性得以改善。这种制动类型也称"再生制动"。

在车辆惯性滑行过程中，当出现以下情况时：
- 踩下制动踏板、降低车速；
- 滑行至停车；
- 下坡行驶。

混合动力系统会将电机作为发电机使用，对动力电池充电。因此在惯性滑行过程中，可利用电能为混合动力车辆"补充燃料"。

在车辆滑行至停车的过程中，电机（用作发电机）只会转换12V车载电网运行所需的能量。

5.2.3 原理秒懂：丰田bZ3制动能量回收控制

制动能量回收采用了回馈强度可调、可在操作回馈强度按键时改变由再生而产生的减速量。这增大了松开加速踏板时车速降低的程度，通过减少驾驶员在制动踏板和加速踏板之间移动脚的频率以减小驾驶员工作负荷。回馈强度分为较小、适中、较大、大等四个等级，如图5-15所示。

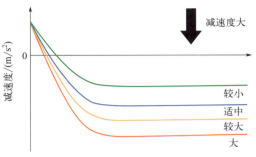

图 5-15　能量回收制动控制

驾驶员踩下制动踏板时，2 号防滑控制 ECU 根据制动调节器压力和制动踏板行程计算所需总制动力。计算所需总制动力后，2 号防滑控制 ECU 将再生制动请求发送至整车控制器。整车控制器回复实际再生制动量（再生制动控制值）。整车控制器使用电动机产生负扭矩（减速力），从而执行再生制动力。

2 号防滑控制 ECU 控制制动执行器电磁阀并产生轮缸压力。产生的压力是从所需总制动力中减去实际再生制动控制值后剩余的值。制动能量回收控制原理示意图如图 5-16 所示。

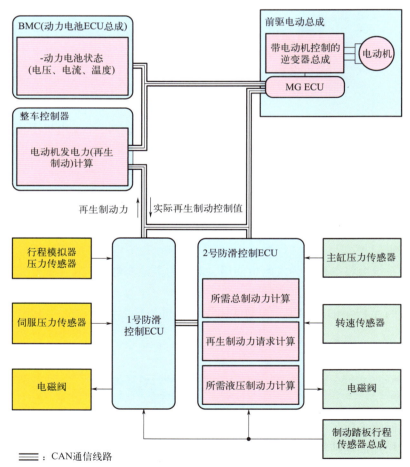

图 5-16　制动能量回收控制原理

5.2.4 故障速诊：马自达 CX-30 EV 电控制动系统故障诊断

以马自达 CX-30 EV 车型为例，利用诊断仪读取系统故障码，可以针对故障码内容提示及诊断引导进行故障排除，相关信息扫描封底二维码获取。

5.3 电动转向（EPS）

5.3.1 结构秒认：路虎揽胜 PHEV 四轮电动转向部件结构

转向器安装在转向器壳体中，壳体还包含了小齿轮轴和扭矩传感器。小齿轮轴由轴杆连接到输入轴。横拉杆球头将转向器的端部连接到前悬架的转向节上。转向器的端部由皮纹护套提供保护。

转向器壳体包括电机支架。转向器壳体端部的减速齿轮壳体包含一个安装在转向器螺纹部分上的循环球螺母，部件结构如图 5-17 所示。一根齿带将驱动力从电机传送到循环球螺母，以便为助力提供动力。电机与转向盘的传动比大约为 20∶1。

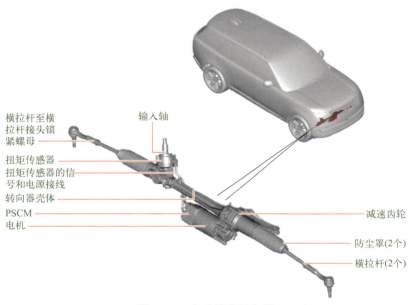

图 5-17 电动助力转向器

减速齿轮壳体中的循环球螺母固定在轴承座圈中，使得螺母可以转动但是不能进行轴向移动。当电机转动螺母时，将沿着螺母和转向器中的通道驱动球头。这将在转向器上生成轴向力。螺母中的球头返回通道以及轴承座圈两端的机构使球从螺母的一侧再循环到另一侧。传动机构内部结构如图 5-18 所示。扫描封底二维码获取相关视频。

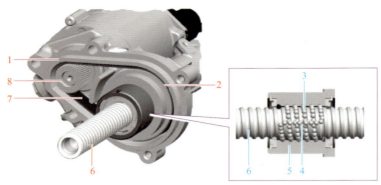

图 5-18 转向器传动机构内部结构

1—减速齿轮壳体；2—球螺母驱动轮；3—球列；4—球返回通道；5—球螺母；6—转向器球通道；
7—传动带；8—电机驱动轮

后转向器安装在后副架上，结构如图 5-19 所示。后转向器通过 4 个 M10 螺栓和固定垫圈连接到副架上。束角连杆球头将转向器的端部连接到后悬架的转向节上。转向器的端部由波纹护套提供保护。转向器壳体包括电机支架。反转向器独立于驾驶员操作的执行器，用于使后轮转向。此电机用于驱动连接至可转向后轮的控制臂的束角连杆。RSCM 用于根据前轮转向角和车速的输入持续控制后轮转向执行器的操作。

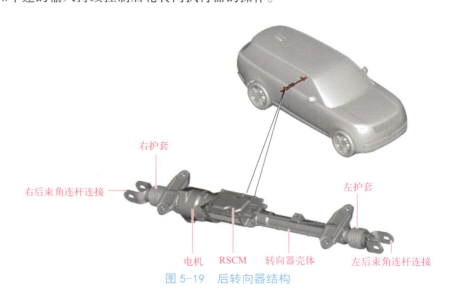

图 5-19 后转向器结构

5.3.2 原理秒懂：路虎揽胜 PHEV 四轮电动转向控制原理

动力转向控制模块（PSCM）接收来自扭矩传感器的硬接线数字输入。PSCM 还通过 FlexRay 和高速（HS）CAN 车身底部系统总线从以下项接收输入信号：来自转向角传感器模块（SASM）的转向角，来自动力传动系统控制模块（PCM）的发动机转速，来自防抱死制动系统控制模块（ABS）的车辆速度，来自近场感测模块（NFSM）的自动转向请求，来自全地形反馈适应系统开关组（TR）的地形模式请求，来自车身控制模块（BCM）/网关模块 A（GWM）的电源模式状态，来自 BCM/GWM 的自动停止/启动系统的停止请求，来自驾驶员辅助域控制器（DADC）的车道保持辅助（LKA）和车道偏离警告（LDW）。

PSCM 使用输入数据和软件算法控制电机的操作。如果需要，PSCM 还可通过 HS CAN 车身底部系统和 FlexRay 总线传输以下项的输出：警告状态，至组合仪表盘控制模块（IPC）；转向状态，至 NFSM 和 TR 开关组；自动停止/启动系统禁止请求，至 PCM；横拉杆载荷力。

后转向控制模块（RSCM）可控制后转向电机位置，它通过 FlexRay 系统总线接收来自以下项的输入信号：来自 DADC（托管后转向控制应用程序）的 CCF（安装了 RWS）、RWS 系统状态，车速和后转向电机位置请求（行程请求）；来自 BCM/GWM 的电源模式。

RSCM 使用此输入数据和软件算法控制后转向电机的操作。后转向控制应用程序将通过 FlexRay 总线传输以下信息：RSCM 工作状态、测得的后转向电机位置（单位为 mm）。系统原理框图如图 5-20 所示。

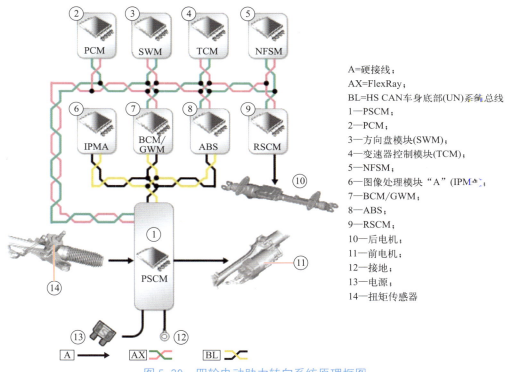

图 5-20　四轮电动助力转向系统原理框图

5.3.3　故障速诊：马自达 CX-30 EV 电动转向系统故障诊断

以马自达 CX-30 EV 车型为例，利用诊断仪读取系统故障码，可以针对故障码内容提示及诊断引导进行故障排除，相关信息扫描封底二维码获取。

第 6 章

自动驾驶系统

6.1 行车辅助（ADAS）

6.1.1 结构秒认：特斯拉 Autopilot 系统感知部件

特斯拉 Autopilot 的感知工作主要依赖 3 个前置摄像头、2 个侧方前视摄像头、2 个侧方后视摄像头、1 个后视摄像头、12 个超声波传感器、1 个毫米波前置雷达，实现了冗余传感器的融合。特斯拉通过 8 个摄像头完成 360°全方位检测周围环境，雷达则负责探测前方障碍物的距离及行进速度，且不受天气影响。基本替代了激光雷达的功能。

其中侧视摄像头已经保证了左右两车道无盲区。侧后视装在翼子板上，位置靠前；侧前视装在 B 柱，位置在侧后视安装位置之后的 1m 处。侧前视和侧后视相互重叠，这 4 个摄像头完全覆盖了左右车道；为特斯拉的 L3 级别的功能：变道、合流、出高速提供全方位成像。前视摄像头是一个三目摄像头的总成件，配合雷达解决了特斯拉前向测距的问题，可探测车前 250m 的路况，为先进驾驶辅助系统（ADAS）功能中的自适应巡航（ACC）、交通拥堵辅助（TJA）等功能提供成像。

这 8 个摄像头均为 120 万像素，分辨率不是很高，但优点是价格便宜。特斯拉的三摄系统用了 OnSemiconductor 的 120 万像素 AR0136ACMOS 传感器，单个像素尺寸为 3.75μm。类似的采埃孚的 S-Cam4 三摄系统搭载了 Omnivision 的 COMS 传感器与 Mobileye 的 EyeQ4 视觉处理器。特斯拉的前视三摄模组则将所有 CMOS 放在了一块印刷电路板（PCB）上，而采埃孚则分置于不同印刷电路板（PCB）。

摄像头总的视野范围达 360°，对周围环境的监测距离最远可达 250m，各个摄像头分布及功能如图 6-1 所示。

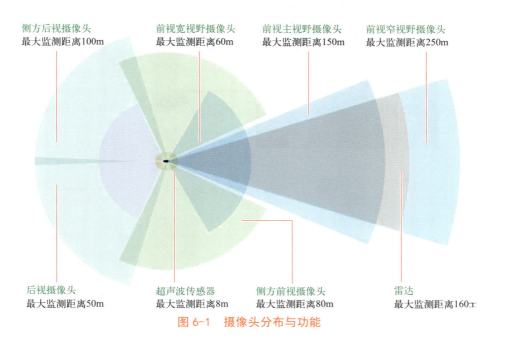

图 6-1　摄像头分布与功能

安装于挡风玻璃后的 3 个摄像头，兼顾了车辆前方的宽阔视角以及远距离物体精准探测。三目摄像头位置及功能如图 6-2 所示。

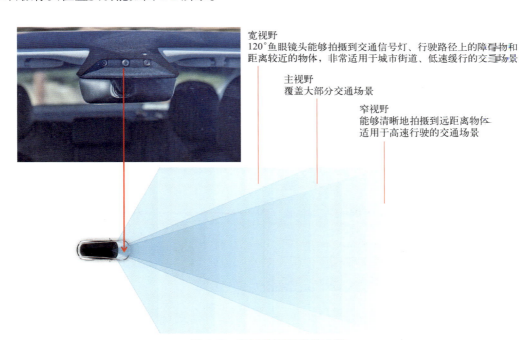

图 6-2　三目前视摄像头功能

侧方前视摄像头位于 B 柱上方，如图 6-3 所示，90°角侧方前视摄像头能够监测到高速公路上突然并入当前车道的车辆，在进入视野受限的交叉路口时也可提供更多的安全保障。

侧方后视摄像头安装于车辆前翼子板上，如图 6-4 所示，用于监测车辆两侧的后方盲区，在变道和汇入高速公路时起着重要作用。

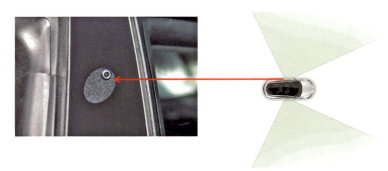

图 6-3　侧方前视摄像头功能

图 6-4　侧方后视摄像头功能

后视摄像头安装后行李箱盖牌照上方，如图 6-5 所示，除了辅助驾驶员安全倒车之外，拥有更佳光学效果的后视摄像头现在也是自动辅助驾驶硬件套装的新成员，将应用于复杂泊车场景。

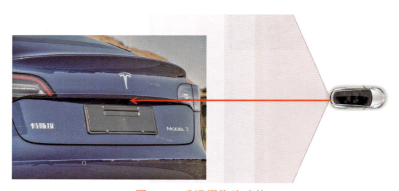

图 6-5　后视摄像头功能

6.1.2　原理秒懂：特斯拉自动驾驶系统功能

特斯拉 Autopilot 系统的信息处理是在自研的液冷双核计算平台上进行的，它们被安置在两块 PCB 上，但整合进了一个模组。新的计算平台整合了负责中控信息娱乐的控制单元电子（ECU）与AutopilotECU，而在硬件2.5时代，Autopilot用的还是英伟达的系统及芯片（SoC）与图形处理器（GPU）。尽管自研了全自动驾驶（FSD），特斯拉还是要用到英伟达的GPU，英特尔的处理器，恩智浦与英飞凌的微控器，镁光、三星的闪存以及意法半导体的音频放大器。在硬件2.5时代，特斯拉整合了两块英伟达SoC：一块英伟达PascalGPU和一块英飞凌的TriCoreCPU。到了硬件3.0时代，特斯拉则用上了两块自研SoC：两块GPU，两块神经网络处理器和一块锁频中央处理器（CPU）。同样的体积下，特斯拉在硬件3.0上组装了4746个零部件，比硬件2.5多了65个零部件。制程方面，特斯拉的自研SoC为14nm，与硬件2.5时代英伟达的16nm相比稍有改进，但基本处于同一代水平。硬件2.5与3.0实板如图6-6所示。

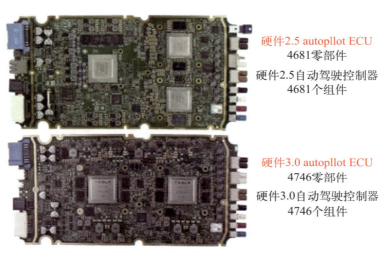

硬件2.5 autopllot ECU
4681零部件

硬件2.5自动驾驶控制器
4681个组件

硬件3.0 autopllot ECU
4746零部件

硬件3.0自动驾驶控制器
4746个组件

图6-6　特斯拉自动驾驶模块硬件2.5与3.0版本

自动驾驶首次在2014年10月9日于Tesla Model S车型上运用。自动驾驶是价值2500美元的可选"技术包"一部分。在当时，自动驾驶仅包括半自动驾驶和泊车。自动驾驶最初版本由特斯拉公司与以色列公司Mobileye合作推出。不过这段合作关系在2016年7月结束。

2015年10月，特斯拉公司向顾客发布了附带自动驾驶的软件包7.0。2015年11月特斯拉公司宣布移除某些自动驾驶功能，以避免一些驾驶员采取危险行为。自动驾驶固件7.1又多了些改变，包括远程泊车技术，也就是所说的召唤（summon），召唤可以使汽车不需要驾驶员就能实现泊车与启动。

2016年8月31日，Elon Musk宣布自动驾驶系统固件8.0能够发射雷达信号来探知周围环境，类似于谷歌的激光探测与测量技术（LIDAR），以便于低能见度也能行驶，甚至能"看见"前车的前面。自动驾驶8.0使用雷达作为基础探测器，而非照相机。2016年11月，自动驾驶8.0升级后有一个明显的改变就是它要求驾驶员更加频繁地握住方向盘，否则自动驾驶功能将会关掉。

2016年10月后的所有特斯拉都装备了必要的感知与计算硬件，也就是HW2（Hardware version 2），为了适应将来的全自动化操作（符合美国汽车工程师学会5级标准），当硬件成熟时，相应的软件也会随之配套。对于装配自动驾驶系统，该公司将提供不同的免费/有偿服务。HW1版本的自动驾驶需要2500美元，对于HW2版本的汽车，增强版自动驾驶需要

5000美元，此外全自动功能还需3000美元。

2017年2月，适配HW2的自动驾驶首次发布，它包括适应不同高速路路况的自动巡航控制和自动操纵技术，自动操纵能在"地方道路"上达到35mile/h（1mile=1.6km），或者当地的速度极限。2017年6月，适配HW2的固件8.1开始有了许多新功能，包括自动巡航辅助驾驶算法、全速制动、侧方停车和倒车。

2014年9月末之后制造的汽车都装有安装于挡风玻璃顶端的照相机、位于格栅下部的前探测雷达（博世制造）和位于前后保险杠的超声波位置传感器，能够提供汽车周围360°探测。计算机是Mobileye公司的EyeQ3。它允许特斯拉Model S探测道路指示、路况标识、障碍物以及其他车辆。而由于工作量和花费巨大，并不会提供从HW1到HW2的升级服务。

HW2，即所有制造于2016年10月后的汽车，包括在基于GPU计算的并行计算的平台和编程模型（CUDA）的Nvidia Drive PX 2 GPU。特斯拉宣称HW2能够提供美国汽车工程师学会5级标准的自动驾驶性能。HW2包括了8个环境照相机，12个超声波探测器，还有加强的前探测雷达。考虑到未来的升级，自动驾驶系统的控制器也是可替换的。这款雷达据称能够通过前车的下方探测，从而观察到前车的前车。

自动操作能使汽车保持在原车道行驶（也就是车道保持功能）。当发出变道信号后，HW1能使其安全地变换车道。

在复杂路况下，比如道路上发生意外，或者驾驶员过分心不在焉，自动驾驶功能将予以提醒。如若驾驶员在1h内忽略了三次提醒，自动驾驶功能就会被暂停，直至车辆完全停下来。这能避免经验丰富的司机完全依赖其安全功能。当在高速路上，若速度小于80mile/h，如果驾驶员不握住方向盘，自动驾驶功能也只会偶尔提醒；当速度小于45mile/h，除非侦察到侧方车辆在加速，驾驶员也可以不握住方向盘达5min；当速度大于45mile/h，手就只能有3min的放松时间；如果紧跟前车，1min也没有。

当巡航控制关闭时，如若侦察到与前方160m内的车辆、自行车或行人存在潜在的碰撞危险，车辆会发出警告。前照相机会识别道路速度限定，并在仪表盘上显示当前速度限定。如若没有速度限定，会结合GPS数据进行限定。

截至2019年，特斯拉的硬件设备一共有三次升级，如表6-1所示，HW1.0到HW2.0主要通过增加传感器数量和深度学习功能使感知力大幅提升。HW2.0到HW3.0主要针对芯片进行了两次升级，基本实现了L5完全自动驾驶级别所需的计算能力。

表6-1 特斯拉自动驾驶模块硬件升级配置对比

硬件代号	HW1	HW2	HW2.5	HW3
推出时间	2015.10	2016.10	2017.8	2019.3
处理平台	Mobileye EyeQ3	Nvidia drive PX2	Nvidia drive PX 2+	Tesla FSD
前置摄像头	1	长焦（35°）：250m；	中焦（50°）：150m；	广角（120°）：60m
侧前	无	80m	80m	80m
侧后	无	100m	100m	100m
后	倒车用	50m	50m	50m
雷达	160m	160m	170m	170m

续表

声纳	5m	8m	8m	8m
超声波传感器	12个	12个	12个	12个
控制冗余	无	部分	完整	完整

HW 1.0 到 HW 2.0：传感器冗余设计，增加深度学习功能。

特斯拉在第一代硬件 HW1.0 中采用 Mobileye 视觉识别芯片，信息收集阶段主要依靠 Mobileye 的图像识别技术，数据来自于车顶的 Mobileye 摄像头，车首的雷达和周边雷达只是提供辅助信息。Mobile EyeQ3 可识别障碍物位置、可用空间、车辆形状位置前后、行人、路牌、红黄绿灯，但由于特斯拉使用自己的 ADAS 软件，EyeQ3 的部分功能，如红绿灯识别、无中间黄线的双行道识别等功能未得到完全释放。

HW2.0 增加了侧前侧后方摄像头，前置摄像头由单目进化为三目摄像头，周边车辆的感知能力提升了 6 倍，前方障碍物识别也得到了极大更新。辅助数据除雷达、超声波传感器之外还包括深度学习构建的高精度地图和白名单。

HW 2.0 到 HW 3.0：芯片计算能力飞跃，自主研发掌控硬件。

HW2.0 使用 NVIDIA 的 Drive PX 2 芯片，主板的整体集成度并不高，有大片留白，所有芯片加起来理论计算能力仅有 NVIDIA 的 Drive PX 2 的一半。HW2.5 芯片整体集成度空前提高，在之前主板构造的基础上增加了 4 块 CPU，集成度上的飞跃带来计算能力的跃升，基本达到了 Drive PX 2 的理论计算能力水平。

在 HW3.0 时特斯拉使用自主研发芯片 FSD，在计算层拥有了完全的掌控力。FSD 采用双芯片设计，计算能力达到了 144TOPS，对比 HW2.5 性能提高了 21 倍，而功耗仅提高了 25%。同时在安全性则在系统层面也有很多考虑，比如大量的冗余设计。

同一块板卡上配备两颗芯片，同时都对同样的数据进行分析，然后对比分析结果（或者相互验证），再得出最终结论。目前，HW3.0 已经完全能够应对 L5 级别自动驾驶所需的感知层数据量和计算能力，成为特斯拉智能驾驶技术的核心竞争力。

特斯拉目前使用完全自主研发的 FSD 全自动驾驶芯片、计算能力单芯片 72TOPS、板卡 144TOPS。

FSD 主板设计的最大特点是双芯片设计形成冗余，减少了功能区故障隐患，同时提高了图像处理的安全与精准性。根据马斯克的说法，FSD 芯片主板做了完整的冗余，也就是说 HW3.0 的每一个功能区都可以损坏，而整套硬件依然可以保持正常工作。

同时，主板内部设置了两个处理器，同一块板卡上的两颗芯片的供电和数据通道都是独立且互为备份的，如图 6-7 所示。两颗芯片对同样的数据进行分析、相互验证、比对分析，再得出最终结论，极大地提高了图像处理的安全和准确性。

从单个处理器来看，FSD 处理器由一块负责通用数据处理的中央处理器 CPU、一块负责图形处理的 GPU、两块负责深度学习和预测的神经处理单元 NPU 和一块内置图像处理器 ISP 组成。

FSD 的核心优势在于强大的图像处理和高速传输数据能力。GPU 单元为图形处理单元，工作是协助核心处理器完成图形和动画的渲染，让用户能在屏幕上获取有效信息。图像处理器 ISP 的作用主要是将摄像头产生的原始 RGB 三原色数据转化成复杂的图像信息。CPU 和 ISP 构成了智能驾驶 AI 芯片的主角。

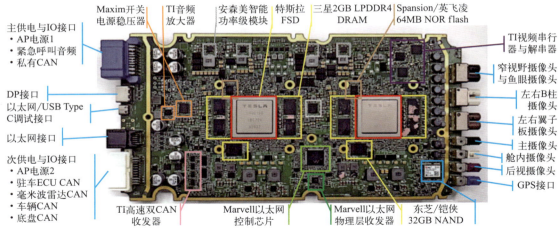

图 6-7 双处理器架构

FSD 内置了主频为 1GHz 的 GPU，拥有 600TOPS 的超强运算能力，同时图像处理器 ISP 最高可以 25 亿像素/s 的高速处理 10 亿像素的数据量数据。大概是往 21 块 1080P 的全高清屏幕塞 60 帧画面的程度，这已经追上了现在世界上最快的消费级图像传输标准 DisplayPort 1.4，而车载芯片"传统上"要落后消费级起码一个时代。

FSD 的数据传输速度也远超过现在特斯拉配备的 8 摄像头传感器所产生的数据，为之后的特斯拉向 L5 级别自动驾驶升级预留了足够的数据传输空间。

FSD 的优势之二在于神经处理单元 NPU 储存芯片容量巨大、带宽速度极快。NPU 根据深度学习模型负责对 ISP 产生的图像数据作出处理，但在此之前，这些数据将会存储在 SRAM 内。

SRAM 可以简单地将它理解为比运行内存速度快很多，同时成本也高很多的存储芯片，一般被应用在处理芯片的 1～3 级缓存上。FSD 现在拥有 32MB 的缓存，对比来看，零售价 16999 元的英特尔酷睿 i9-9980XE，SRAM 缓存总量也仅为 33.75MB，2010 年英特尔 CPU 的最大 SRAM 仅为 16MB，2014 年也只是增长到了 24MB。

对比市场上同类芯片，巨大的 SRAM 容量成为 FSD 芯片的最大的优势。另外，特斯拉芯片总工程师 P. Bannon 表示，处理全自动驾驶的缓存带宽至少要达到 1TB/s，而 FSD 芯片的 SRAM 实际上能提供 2TB/s 的带宽。

FSD 的优势之三在于 CPU 架构的优化。特斯拉采用的是三个四核 CPU 的并联架构，运行频率为 2.2GHz。多个核心叠加的方式保证了多线程总性能不比如今顶级的 4 核心移动端 CPU 弱，甚至更胜一筹。与上一代 HW2.5 相比，HW 3.0 的 CPU 性能提升到了上一代的 2.5 倍。

特斯拉的 Model 3 对 EEA 架构进行了垂直整合，计算能力向中央集中、向云端集中。同时压缩自动驾驶硬件成本，减少成本。特斯拉的中央计算模块（CCM）直接整合了驾驶辅助系统（ADAS）和信息娱乐系统（IVI）两大域，以及外部连接和车内通信系统域功能；左车身控制模块（BCM_LH）和右车身控制模块（BCM_RH）分别负责剩下的车身与便利系统、底盘与安全系统和部分动力系统的功能。EEA（电子电气）架构只有三大部分：CCM（中央计算模块）、BCM_LH（左车身控制模块）、BCM_RH（右车身控制模块）。

类比于计算机硬件架构，英特尔的 x86 通过垂直整合把之前的运算器、控制器、存储器、输入设备和输出设备五大部分整合为 CPU、南北桥芯片三大部分，计算机朝集中化、轻量化方向发展，使计算机正式进入寻常百姓家。特斯拉类似于 X86 的整合方式，重新定义了智能驾驶硬件架构，通用性、标准化的硬件架构设计压缩了不同软硬件融合、协同计算能力造成的成本浪费，使智能汽车行业的进化变得更加高效。

6.1.3 原理秒懂：高级驾驶辅助系统（ADAS）功能特点

现在的新能源汽车上搭载的自动驾驶系统多为介于 2.0～3.0 标准之间的高级驾驶辅助系统（ADAS），可以说是处于驾驶辅助技术的高级阶段，自动驾驶技术的初级阶段这一过渡的衔接期。ADAS 系统主要的细分功能如表 6-2 所示。扫描封底二维码获取相关视频。

表 6-2 ADAS 系统主要功能

功能	自适应巡航系统 ACC（adaptive cruise control）	前碰撞预防系统 FCW（forward collision warning）	车道偏离预警系统 LDW（lane departure warning）
描述	这是一项舒适性的辅助驾驶功能。如果车辆前方畅通，自适应巡航（ACC）将保持设定的最大巡航速度向前行驶。如果检测到前方有车辆，自适应巡航（ACC）将根据需要降低车速，与前车保持基于选定时间的距离，直到达到合适的巡航速度。自适应巡航也可称为主动巡航，类似于传统的定速巡航控制，该系统包括雷达传感器、数字信号处理器和控制模块	通过雷达系统来时刻监测前方车辆，判断本车与前车之间的距离、方位及相对速度，当存在潜在碰撞危险时对驾驶者进行警告。FCW 系统本身不会采取任何制动措施去避免碰撞或控制车辆	系统主要由摄像头、控制器以及传感器组成。当车道偏离预警系统开启时，摄像头（一般安置在车身侧面或后视镜位置）会时实采集行驶车道的标识线，通过图像处理获得汽车在当前车道中的位置参数。当检测到汽车偏离车道时，传感器会及时收集车辆数据和驾驶员的操作状态，之后由控制器发出警报信号，如果驾驶者打开转向灯，正常进行变线行驶，那么车道偏离预警系统不会做出任何提示
图例	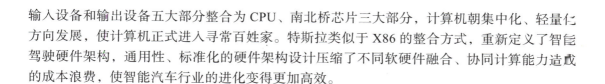		
功能	车道保持辅助系统 LKS（lane keeping system）	盲点监测系统 BSD（blind spot detection）	驾驶员疲劳预警系统 DFM（driver fatigue monitor）
描述	属于智能驾驶辅助系统中的一种。它可以在车道偏离预警系统（LDWS）的基础上对刹车的控制协调装置进行控制。对车辆行驶时借助一个摄像头识别行驶车道的标识线将车辆保持在车道上提供支持。可检测本车在车道内的位置，并可自动调整转向，使本车保持在车道内行驶	主要功能是扫除后视镜盲区，依赖于车辆尾部两个雷达时刻监测车辆的侧后面和侧面状态，如果车辆位于该区域内，驾驶员将通过后视镜上盲点警告指示灯和组合仪表获得相关警告提示，避免在车道变换过程中由于后视镜盲区而发生事故	主要是通过摄像头获取的图像，通过视觉跟踪、目标检测、动作识别等技术对驾驶员的驾驶行为及生理状态进行检测，当驾驶员发生疲劳、分心、打电话、抽烟等危险情况时，在系统设定时间内报警以避免事故发生。通过分析驾驶员的疲劳特征（如打哈欠、闭眼等），对疲劳行为及时发出疲劳驾驶预警

续表

图例			
功能	自动泊车系统 APA （automatic parking assist）	自适应灯光控制 ALC （adaptive light control）	全景泊车停车辅助系统 SVC （surround view cameras）
描述	通过控制车辆的加减速度和转向角度自动停放车辆。该系统通过 AVM（环视）和 USS（超声波雷达）感知泊车环境，使用 IMU 和车轮传感器估计车辆姿态（位置和行驶方向），并根据驾驶员的选择自动或手动设置目标泊车位。然后系统进行自动泊车轨迹计算，并通过精确的车辆定位与车辆控制系统使车辆沿定义的泊车轨迹进行全自动泊车，直至到达最终目标泊车位	系统由四部分组成：传感器、ECU、车灯控制系统和前照灯。汽车车速传感器和方向盘转角传感器不断地把检测到的信号传递给 ECU，ECU 根据传感器检测到的信号进行处理，把处理完后的数据进行判断，输出前照灯转角指令，使前照灯转过相应的角度。ALC 自动控制前照灯实时进行上下、左右照明角度的调整，为驾驶员提供最佳道路照明效果	系统由安装在车身前后左右的四个超广角鱼眼摄像头，同时采集车辆四周的影像，经过图像处理单元畸变还原→视角转化→图像拼接→图像增强，最终形成一幅车辆四周无缝隙的 360°全景俯视图。在显示全景图的同时，也可以显示任何一方的单视图，并配合标尺线准确地定位障碍物的位置和距离
图例			
功能	行人检测系统 PDS （pedestrian detection system）	交通信号及标志牌识别 RSR （foad sign recognition）	智能车速控制 ISA （intelligent speed adaptation）
描述	车辆行驶途中可以利用摄像头雷达和激光雷达来探测到四面行人，在安全距离内及时控速	让车辆能够自动识别交通信号或者标志牌，比如说最高限速，或者停车等标示	该系统能识别交通标识，并根据最高限速信息控制油门，确保驾驶者在法定限速内行驶，有效避免驾驶者在无意识情况下的超速行为
图例			
功能	自动紧急制动 AEB （autonomous emergency braking）	汽车夜视系统 NVS （night vision system）	抬头显示器 HUD （heads-up display）

续表

描述	系统采用雷达测出与前车或者障碍物的距离，然后利用数据分析模块将测出的距离与警报距离、安全距离进行比较，小于警报距离时就进行警报提示，而小于安全距离时即使在驾驶员没有来得及踩制动踏板的情况下，AEB 系统也会启动，使汽车自动制动	汽车夜视系统利用红外线技术能将黑暗变得如同白昼，使驾驶员在黑夜里看得更远更清楚。夜视系统的结构由两部分组成：一部分是红外线摄像机；另一部分是挡风玻璃上的光显示系统	HUD 又被叫作平视显示系统，它的作用，就是把车速、发动机转速、导航的方向、距离及剩余里程等重要的行车信息，投影到驾驶员前面的风挡玻璃上，让驾驶员尽量做到不低头就能看到时速、导航等重要的驾驶信息
图例			

6.1.4 设置技巧：大众 ID.6X 前部摄像头传感器校准方法

正确的校准是保证驾驶员辅助系统的前部摄像机功能正常的基础。

以下情况必须重新校准驾驶员辅助系统的前部摄像机。

- 驾驶员辅助系统的前部摄像机有故障码存在。
- 驾驶员辅助系统的前部摄像机已被更换。
- 前风窗玻璃已被更换或拆除。
- 在对车辆做四轮定位检查及调整工作时，对后桥四轮定位数据进行调整。
- 进行过影响车身高度的底盘改装。

校准步骤如下。

❶ 将车辆驶上定位平台。

❷ 连接蓄电池充电器。

❸ 将笔记本车辆诊断系统 VAS 6150 系列连接至车辆上。在校准步骤期间要注意，所有车门都要关闭，车辆内外部照明也要关闭。

❹ 转动方向盘，将车轮处于直线行驶位置。

❺ 在四轮定位计算机中选择驾驶员辅助系统的前部摄像机驾驶员的校准流程命令。

❻ 将测值传感器安装在车轮上。

❼ 进行轮辋偏位补偿。

❽ 在所有 4 个车轮上测量和记录高度 a，如图 6-8 所示。

- 基础设定装置 VAS 6430C/1 或 VAS 6430 在校准过程中不得移动。
- 进行下一步作业时，必须使车轮定位台处于最低的水平位置。

❾ 适当向上旋转基础设定装置 VAS 6430C/1 或 VAS 6430，使校准横梁与前轮上的测量传感器中点平行，从而使距离测量单元 1 进行正确测量。

❿ 将基础设定装置 VAS 6430C/1 或 VAS 6430 放置在车辆前方，距离前轮轮毂中点位置

之间的间距为 a。

⑪ 间距 a，必须在 1500mm±25mm 范围值之内，如图 6-9 所示。

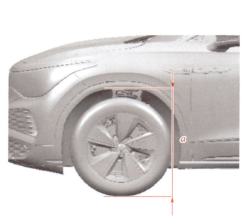
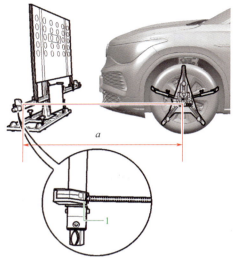

图 6-8　车轮高度位置　　　　图 6-9　距离测量单元与前轮中心距离

- 在车辆的两侧测量基础设定装置 VAS 6430C/1 或 VAS 6430 距离前轮轮毂中点位置之间的距离，并保证其间距在 1500mm±25mm 之间。
- 车辆两侧的距离必须是相同的。

⑫ 如图 6-10 所示将前轮的测值传感器 1 装至基础设定装置 VAS 6430C/1 或 VAS 6430 上。扫描封底二维码获取相关视频。

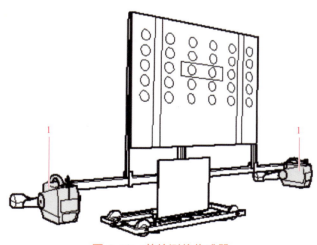

图 6-10　前轮测值传感器

⑬ 为便于进行下一工作步骤，升起举升平台将其位于最低水平位置（即锁止位置），此时车辆也处于相对水平位置。

⑭ 如图 6-11 所示测量车辆与地面之间的垂直距离 a（即车辆在举升平台上的距离地面的高度）并将数值输入四轮定位仪计算机中。

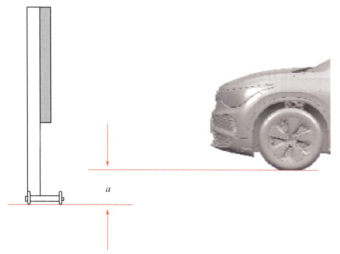

图 6-11 车辆与地面境垂直距离

⑮ 如图 6-12 所示松开螺栓箭头,将测量杆 1 放置在地面上。

图 6-12 放置测量杆至地面

⑯ 摇动手柄 1,设定校正板 VAS 6430C/4 或 VAS 6430 的目标板高度数值 2,如图 6-13 所示。

- 目标板高度数值 2=1400mm。
- 当车辆处于升降平台上,举升平台没有被升起时,目标板高度数 2=1400mm。
- 当车辆处于升降平台上,举升平台升起时,目标板高度数值 2=1400mm 加上车辆离地高度（1400mm+a）。

⑰ 根据实际情况将基础设定装置 VAS 6430C/1 或 VAS 6430 的目标板高度数值调整至规定值。

如果达到了目标板高度数值,则稍微向上推测量杆并使用夹紧螺栓进行固定。

⑱ 如图 6-14 所示推动基础设定装置 VAS 6430C/1 或 VAS 6430 沿箭头 B 方向,直至车轮定位计算机中的显示处于公差范围内。

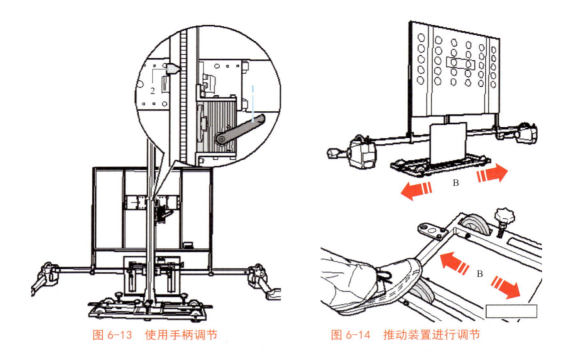

图 6-13 使用手柄调节　　　图 6-14 推动装置进行调节

⑲ 如图 6-15 所示稍微拧上调节螺栓 2 和 3，防止基础设定装置 VAS 6430C/1 或 VAS 6430 滚动。

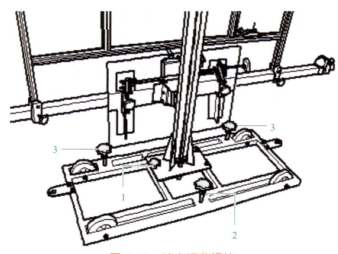

图 6-15 拧上调节螺栓

⑳ 如图 6-16 所示旋转微调螺栓 1，直至车轮定位计算机中的显示处于公差范围内。
㉑ 使用调节螺栓 1 将水平仪 A 置于水平位置，如图 6-17 所示。
㉒ 使用调节螺栓 2 和 3 将水平仪 B 置于水平位置。如图 6-17 所示。
㉓ 松开夹紧螺栓，将测量杆放置在地面。
㉔ 再次检查额定高度，必要时用手柄进行调整。如果达到了额定高度，则稍微向上推测量杆并使用夹紧螺栓进行固定。

㉕ 接通车辆点火开关，启动笔记本车辆诊断系统 VAS 6150 系列。遵循笔记本车辆诊断系统 VAS 6150 系列上的提示，执行校准。
- 启动诊断。
- 选择"车型"。

㉖ 输入记录四个车轮的高度 a。

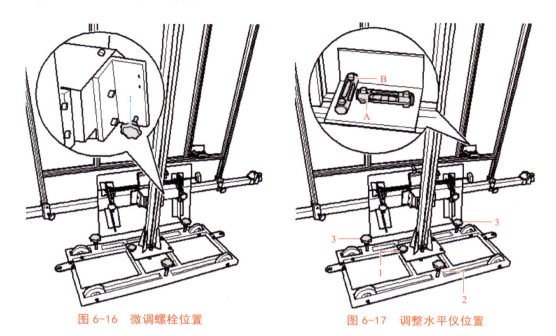

图 6-16 微调螺栓位置　　　　　图 6-17 调整水平仪位置

6.1.5 电路快检：丰田 bZ4X 电动汽车前摄像头 ECU 端子检测

丰田 bZ4X 电动汽车前摄像头 ECU 端子分布如图 6-18 所示，可根据表 6-3 中的值测量电压和电阻。

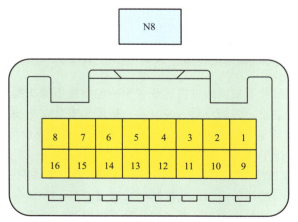

图 6-18 前摄像头接插件端子分布

表 6-3 前摄像头端子定义与检测参考值

端子编号（符号）	端子描述	条件	规定状态
N8-1（CA2L）	CAN 通信信号	—	—
N8-2（CA2P）	CAN 通信信号	—	—
N8-5（LKSW）-N8-13（GND）	行驶辅助模式选择开关、LTA 开关和车距开关电路	行驶辅助模式选择开关、LTA 开关和车距开关关闭	10kΩ 或更大
		按下行驶辅助模式选择开关	< 2.5Ω
		按下 LTA 开关	114～126Ω
		按下车距开关	485～536Ω
N8-8（HTR）-N8-7（SGND）	摄像机加热器电路	点火开关 ON，加热器工作	11～14V
		点火开关 ON，加热器不工作	< 1V
N8-9（CA1N）	CAN 通信信号	—	—
N8-10（CA1P）	CAN 通信信号	—	—
N8-11（CANL）	CAN 通信信号	—	—
N8-12（CANH）	CAN 通信信号	—	—
N8-16（IGB）-N8-13（GND）	电源（IG）	点火开关 ON	11～14V
		点火开关 OFF	< 1V

6.1.6 故障速诊：雪佛兰畅巡电动汽车驾驶辅助系统诊断

以雪佛兰畅巡 EV 车型为例，利用诊断仪读取系统故障码，可以针对故障码内容提示及诊断引导进行故障排除，相关信息扫描封底二维码获取。

6.2 泊车辅助（APA）

6.2.1 原理秒懂：全景影像与自动泊车系统功能

360°全景可视系统弥补了只能通过雷达或者单一的后视摄像头提供影像的缺点。全景可视系统可以有四路视频输出，即前、后、左、右。摄像头安装在车前，车尾以及后视镜的下面，由遥控控制，能自动地切换画面，视频可以由四个视频组成也可以由单一的视频组成。增加行车的防盗监控与行车安全。

360 环视系统包括：全景系统、俯视系统、倒车摄像机。部件安装位置如图 6-19 所示。

摄像机通过以太网与控制单元相连。控制单元通过一根 FBAS 导线将视频信号传输至多媒体影音单元。多媒体影音单元通过一根 APIX 导线将视频信号传输至中央显示屏。全景影像系统显示画面如图 6-20 所示。

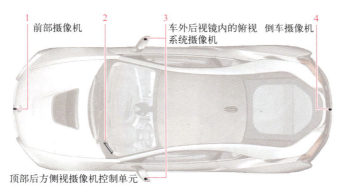

图 6-19　宝马 I8 环视系统组件安装位置

图 6-20　全景影像系统显示画面

　　自动泊车系统是不用人工干预，自动停车入位的系统。系统包括一个环境数据采集系统、一个中央处理器和一个车辆策略控制系统。上述的环境数据采集系统一般包括图像采集系统和车载距离探测系统（通过超声波雷达或者毫米波雷达系统实现）。遍布车辆周围的雷达探头测量自身与周围物体之间的距离和角度，然后通过车载电脑计算出操作流程配合车速周整方向盘的转动，驾驶者只需要控制车速即可。

　　系统既可以在垂直车位泊车，也可以在平行车位泊车；即可使车辆部分或全部停在路沿上，也可在其他障碍物（树、灌木丛或摩托车）之间停车，以及在弯道停车。此外还能帮助车辆驶出泊车位。以上功能模式如图 6-21 所示。

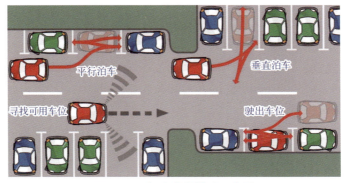

图 6-21　自动泊车辅助示意图

自动泊车系统主要由功能按钮、前后左右侧的超声波传感器以及控制系统的控制单元组成,自动泊车系统部件组成如图6-22所示。

1—前侧用于搜索停车位的超声波传感器;
2—发动机控制器;
3—车身控制器;
4—中央信息显示屏;
5—车机;
6—碰撞和安全模块;
7—控制器CON;
8—泊车辅助按钮;
9—后侧超声波传感器;
10—驻车辅助控制单元;
11—后部超声波传感器;
12—转向柱开关中心;
13—组合仪表;
14—驾驶辅助系统(选配);
15—动态稳定控制系统;
16—发动机控制器2;
17—电子助力转向系统;
18—变速箱电子控制系统;
19—前部超声波传感器

图6-22 自动泊车辅助系统

6.2.2 设置技巧:大众 ID.4 CROZZ 全景影像系统校准

❶ 将车辆停放在平整的表面上。

❷ 将校准装置 VAS 721 001 滑行到汽车的左侧和右侧。校准模式的箭头 1 指向车辆的行驶方向。

❸ 将前部和后部夹板安装到校准装置 VAS 721 001 的校准模式上。

❹ 十字线 2 对准汽车的前桥(前车轮中央)。

❺ 将两个校准模式平行定位。车辆必须位于两个校准模式之间的中心位置,如图6-23所示。

注意下列测量规定。

- 尺寸 a (2000~2500) mm±5mm,前部和后部相同。
- 尺寸 b: 两侧必须相同。
- 尺寸 c: 两侧必须相同。

❻ 连接车辆诊断测试仪。

❼ 用车辆诊断测试器进行校准。

扫描封底二维码获取相关视频。

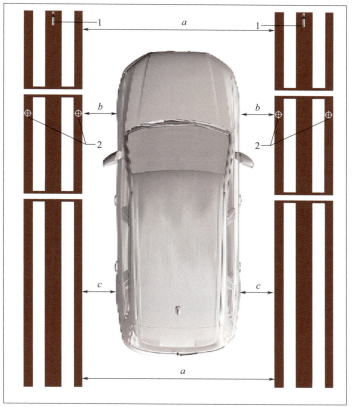

图 6-23 校准装置与车辆的位置

6.2.3 电路速检：丰田 bZ4X 电动汽车自动驻车模块端子

丰田 bZ4X 电动汽车自动驻车模块端子分布如图 6-24 所示。操作步骤如下。

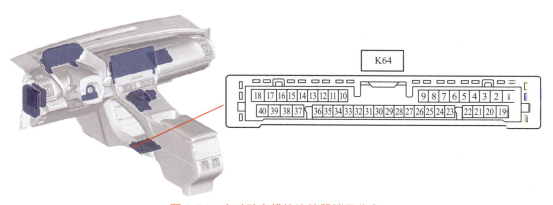

图 6-24 电动驻车模块连接器端子分布

❶ 断开间隙警告 ECU 总成连接器 K64。
❷ 根据表 6-4 中的值测量线束侧连接器的电压和电阻。

表6-4 端子检测参考值

端子编号(符号)	端子描述	条件	规定状态
K64-1(IG)-K64-31(E)	IG电源信号	点火开关OFF	<1V
		点火开关ON	11~14V
K64-11(ISSW)-车身搭铁	高级驻车主开关信号	● 点火开关ON ● 高级驻车主开关(组合开关总成)关闭	<1.5V
		● 点火开关ON ● 高级驻车主开关(组合开关总成)打开	7.5V或更高
K64-31(E)-车身搭铁	搭铁	始终	<1Ω

❸ 重新连接间隙警告ECU总成连接器K64。
❹ 根据表6-5中的值测量电压和电阻并检查脉冲。

表6-5 端子检测参考值

端子编号(符号)	端子描述	条件	规定状态
K64-2(BOF)-K64-31(E)	前传感器电路电源	点火开关OFF	<1V
		● 点火开关ON ● 丰田驻车辅助传感器系统打开	11~14V
K64-3(E5)-K64-31(E)	前侦测声纳搭铁	始终	<1Ω
K64-4(SOF)-K64-31(E)	前传感器通信信号(前侦测声呐传感器)	● 点火开关ON ● 丰田驻车辅助传感器系统打开 ● 挡位置于P以外的任何位置 ● 车速低于约10km/h(6mile/h)	脉冲信号
K64-5(LIN1)-K64-6(CSG1)	前侧传感器通信信号(前侧侦测声呐传感器)	● 点火开关ON ● 丰田驻车辅助传感器系统打开 ● 挡位置于P以外的任何位置 ● 车速低于约10km/h(6mile/h)	脉冲信号
K64-6(CSG1)-K64-31(E)	前侧侦测声呐搭铁	始终	<1Ω
K64-7(CSB1)-K64-6(CSG1)	前侧传感器电路电源	● 点火开关ON ● 丰田驻车辅助传感器系统打开	11~14V
K64-19(BOR)-K64-31(E)	后传感器电路电源	点火开关OFF	<1V
		● 点火开关ON ● 丰田驻车辅助传感器系统打开	11~14V
K64-20(E1)-K64-31(E)	后侦测声呐搭铁	始终	<1Ω
K64-21(SOR)-K64-31(E)	后传感器通信信号(后侦测声呐传感器)	● 点火开关ON ● 丰田驻车辅助传感器系统打开 ● 换挡杆置于R位置	脉冲信号

续表

端子编号（符号）	端子描述	条件	规定状态
K64-22（LIN2）-K64-23（CSG2）	后侧传感器通信信号（后侧侦测声呐传感器）	● 点火开关 ON ● 丰田驻车辅助传感器系统打开 ● 换挡杆置于 R 位置	脉冲信号
K64-23（CSG2）-K64-31（E）	后侧侦测声呐搭铁	始终	< 1Ω
K64-24（CSB2）-K64-23（CSG2）	后侧传感器电路电源	● 点火开关 ON ● 丰田驻车辅助传感器系统打开	11 ～ 14V

6.2.4 故障速诊：马自达 CX-30 EV 全景影像系统故障诊断

以马自达 CX-30 EV 车型为例，利用诊断仪读取系统故障码，可以针对故障码内容提示及诊断引导进行故障排除，相关信息扫描封底二维码获取。

第 7 章

智能座舱系统

7.1 信息娱乐系统

7.1.1 结构秒认：特斯拉 Model 3 座舱控制器

座舱域控制器集成 T-BOX，同时采用了 Intel 的 A3950 芯片。座舱域是用户体验的重要组成部分，特斯拉的座舱控制平台也在不断进化中。如图 7-1 所示为特斯拉 Model3 2020 款，采用的是第二代座舱域控制器（MCU2）。

MCU2 由两块电路板构成：一块是主板；另一块是固定在主板上的一块小型无线通信电路板（图中粉色框所示）。这一块通信电路板包含了 LTE 模组、以太网控制芯片、天线接口等，相当于传统汽车中用于对外无线通信的 T-BOX，此次将其集成在 MCU 中，能够节约空间和成本。我们本次拆解的 2020 款 Model3 采用了 Telit 的 LTE 模组，在 2021 款以后特斯拉将无线模组供应商切换成移动通信。

MCU2 的主板采用了双面 PCB 板，正面主要布局各种网络相关芯片，例如 Intel 和 Marvell 的以太网芯片，Telit 的 LTE 模组，TI 的视频串行器等。正面的另一个重要作用是提供对外接口，如蓝牙/Wi-Fi/LTE 的天线接口、摄像头输入输出接口、音频接口、USB 接口、以太网接口等。

MCU2 背面如图 7-2 所示，其核心是一颗 IntelAtomA3950 芯片，搭配总计 4GB 的 Micron 内存和同样是 Micron 提供的 64GBeMMC 存储芯片。此外还有 LGInnotek 提供的 Wi-Fi/蓝牙模块等。

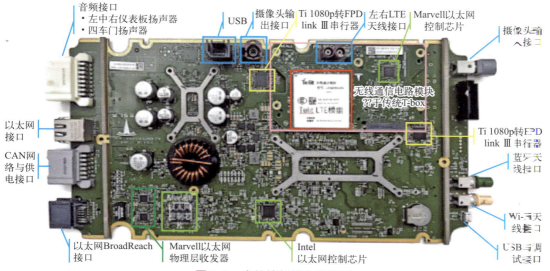

图 7-1 座舱控制器主板正面

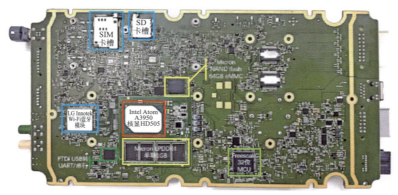

图 7-2 座舱控制器主板反面

7.1.2 原理秒懂：丰田车载通信系统

可使用丰田智行互联服务，将数据通信模块（DCM）或 Wi-Fi 连接装置连接至丰田智行互联中心。连接设定更改为 Wi-Fi 连接时，可通过网络共享兼容蜂窝电话或移动 Wi-Fi 路由器开始进行通信。丰田车载通信系统功能如表 7-1 所示，系统组成见图 7-3。

表 7-1 丰田车载通信系统功能

功能		说明
紧急救援服务		呼叫紧急救援中心。如有必要，则呼叫会转至救援机构、经销商或道路救援公司
防盗追踪	自动警报通知	丰田智行互联中心确认防盗系统激活后，通过电话通知用户
	车辆追踪服务	如果车辆被盗，则此服务可根据用户请求检索车辆的位置信息以便追踪
	相关部门联系服务	如果用户请求，则丰田智行互联话务员请求相关部门查找被盗车辆并妥善处理案件

续表

功能		说明
导航系统链接功能	在网络上检索 POI	由百度网站检索到的 POI 信息可传输到导航系统上
其他功能	语音识别服务器的自然语言理解	使用指令系统中未注册的任何词句时,丰田智行互联中心的语音识别服务器将协助进行处理以扩大自然语言识别的范围。根据识别状态,可以更多地利用语音识别系统,例如从外部内容提供商获得搜索结果
遥控功能	遥控通知	即使在距离车辆较远的地方,用户也可接收到通知,如"任一车门解锁"和"任一车窗打开"。此外,用户可以在智能手机上检查车辆状况
	遥控家用电器	通过音响主机发出指令,可打开和关闭空调、洗衣机等家用电器并控制其设定
	遥控空调	允许用户使用智能手机应用程序遥控启动/停止车内空调和调节设定温度等

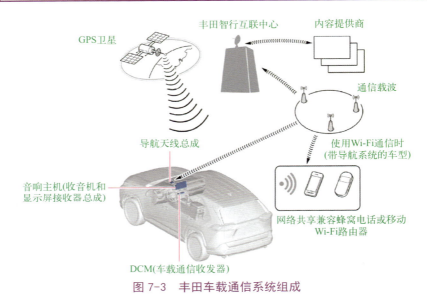

图 7-3 丰田车载通信系统组成

7.1.3 原理秒懂:宝马车载总线系统

现今在汽车上使用的通信网络主要有以下三种:FlexRay、CAN-控制器局域网络、LIN-本地互联网络。

FlexRay——高速度(每信道高达 10Mb/s)、双信道、时间触发、强大的容错协议,设计用作骨干网。一般的目标应用是所谓的线控(X-by-wire)概念。其目的是通过电子信号传输来替代传统的制动踏板和制动器或方向盘和车轮之间的机械传动。

CAN-控制器局域网——中等速度(最高 1Mb/s)、单信道、双线容错协议,目前不仅在汽车业,还在许多工业应用中广泛使用。CAN 协议的目标应用可以包括电机控制、悬架控制和车内信息娱乐功能。

LIN-本地互联网络——低速(最高 20kb/s)、单线低成本协议,可用于终端节点应用。这种协议用于传感器/执行器中,一般用于低速通信,即速度不是关键因素的应用中。

CAN-BUS 是总线技术中的一种,目前应用在汽车上总线类型见表 7-2。

表 7-2 汽车总线类型

类别	现存标准	波特率	目前主要使用标准	应用范围
A	单线 CAN、LIN、BEAN、12C 等	5～20 kb/s	LIN	电动门窗、座椅调节、灯光照明等控制
B	低速 CAN、容错 CAN、J1850、VAN 等	30～125kb/s	低速 CAN、容错 CAN	电子车辆信息中心、故障诊断、仪表显示、安全气囊等系统
C	高速 CAN、TTP、FlexRay	125～1000kb/s	高速 CAN	悬架控制、牵引控制、发动机控制、ASR、ABS、EBD 等系统
D	MOST、IDB-1394、D2B、以太网等	10～400Mb/s	MOST	多媒体技术

宝马 i3 数据通信网络连接系统如图 7-4 所示。

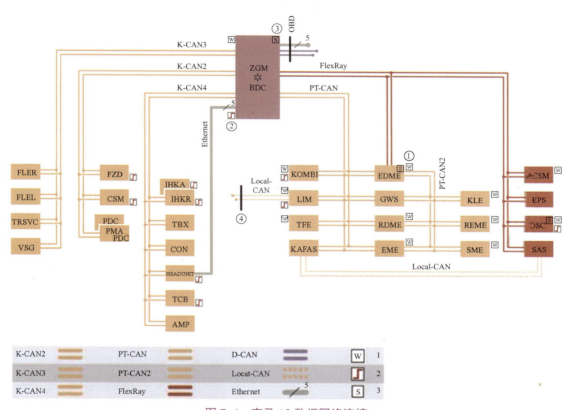

图 7-4 宝马 i3 数据网络连接

ACSM—碰撞和安全模块；AMP—放大器；BDC—车身域控制器；CON—控制器；CSM—汽车共享模块；DSC—动态稳定控制系统；EDME—数字式发动机电气电子系统；EME—电机电子装置；EPS—电子助力转向系统；FLER—右侧前部车灯电子装置；FLEL—左侧前部车灯电子装置；FZD—车顶功能中心；GWS—选挡开关；HEADUNIT—主控单元；IHKA—自动恒温空调；IHKR—手动恒温空调；KAFAS—基于摄像机的驾驶员辅助系统；KLE—便捷充电电子装置；KOMBI—组合仪表；LIM—充电接口模块；PDC—驻车距离监控系统；PMA—驻车操作辅助系统；RDME—里程器数字式发动机电子系统；REME—增程电机电子装置；SAS—选装配置系统；SME—蓄能器管理电子装置；TFE—燃油箱功能电子系统；TBX—触控盒；TCB—远程通信系统盒；TRSVC—顶部后侧视摄像机；VSG—车辆发声器；ZGM—中央网关模块

1—与总线端 15WUP 连接的控制单元；2—有唤醒权限的控制单元；3—用于 FlexRay 总线系统启动和同步的启动节点控制单元；4—车辆上的充电接口

宝马 i3 使用 K-CAN 总线有：K-CAN2，K-CAN3，K-CAN4。所有 K-CAN 总线的数据传输率均为 500kb/s。在 i3 上不使用数据传输率为 100kb/s 的 K-CAN。

宝马 i3 使用 PT-CAN 总线有：PT-CAN，PT-CAN2。用于 PT-CAN2 的网关位于数字式发动机电气电子系统 EDME 内。两个 PT-CAN 的数据传输率均为 500kb/s。

用于车辆诊断的 D-CAN 数据传输率为 500kb/s。使用 OBD2 接口通过 D-CAN 可进行车辆诊断。用于车辆编程的以太网访问接口同样位于 OBD2 接口内。

在 i3 上根据相应配置提供的局域 CAN 总线有：从选装配置系统 SAS 连至基于摄像机的驾驶员辅助系统 KAFAS 的局域 CAN；从充电接口模块 LIM 连至车辆充电接口的局域 CAN。局域 CAN 总线的数据传输率均为 500kb/s。

根据所需信息，LIN 总线使用不同数据传输率。在 i3 上 LIN 总线的数据传输率为 9.6～20.0kb/s。例如：车外后视镜，驾驶员车门开关组件为 9.6kb/s；左侧前部车灯电子装置，右侧前部车灯电子装置为 19.2kb/s；遥控信号接收器为 20.0kb/s。

车身域控制器针对相应输入端的不同数据传输率进行设计。车身域控制器 BDC 执行以下功能：网关，禁启动防盗锁，总线端控制，舒适登车系统，中控锁，车窗升降器，照明装置，刮水和清洗装置，喇叭。

中央网关模块 ZGM 集成在 BDC 内。在车载网络结构 2020 中，ZGM 以模块形式集成在 BDC 内。它可以说是控制单元内的控制单元，因为 BDC 内 ZGM 的工作方式就像是一个独立的控制单元。ZGM 的任务是将所有主总线系统彼此连接起来。通过这种连接方式可综合利用各总线系统提供的信息。ZGM 能够将不同协议和速度转换到其他总线系统上。通过 ZGM 可经过以太网将有关控制单元的编程数据传输到车辆上。

BDC 是 LIN 总线上以下组件的网关：右侧前部车灯电子装置，左侧前部车灯电子装置，主动风门控制，左侧车外后视镜，右侧车外后视镜，驾驶员车门开关组件，数字式发动机电气电子系统，智能型蓄电池传感器，挡风玻璃刮水器，晴雨传感器，自动防眩车内后视镜，车顶功能中心，遥控信号接收器，转向柱开关中心，车灯开关，智能型安全按钮，驾驶员侧座椅加热模块，前乘客侧座椅加热模块。

以下 LIN 组件连接到 BDC 上，但是仅形成环路：电气加热装置，电动制冷剂压缩机，自动恒温空调或手动恒温空调。宝马 LIN 总线连接部件如图 7-5 所示。

宝马 i3 各控制模块安装位置如图 7-6 所示。

7.1.4 部件快拆：捷豹 E-PACE 插电混动前信息娱乐模块拆装

❶ 拆下右侧前排座椅。
❷ 断开 12V 系统。
❸ 拆下右前迎宾饰板。
❹ 松开 2 个卡夹。将前地板地毯前部重新定位到远离地板地毯后部的位置，如图 7-7 所示。
❺ 从 4 个双头螺栓松开后搁脚空间空气管道。拆下后搁脚空间空气管道，如图 7-8 所示。

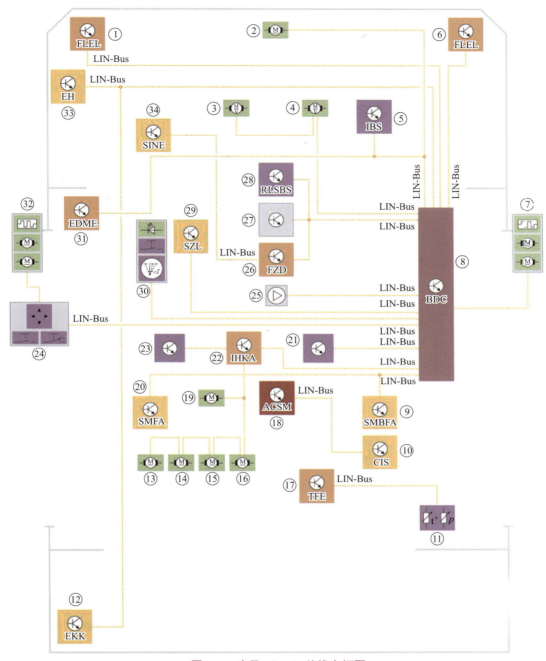

图 7-5 宝马 i3 LIN 总线方框图

1—左侧前部车灯电子装置；2—电风扇；3—前乘客侧刮水器电机；4—驾驶员侧刮水器电机；5—智能型蓄电池传感器；6—右侧前部车灯电子装置；7—右侧车外后视镜；8—车身域控制器；9—前乘客侧座椅模块；10—座椅占用识别垫；11—压力和温度传感器；12—电动制冷剂压缩机；13—脚部空间步进电机；14—空气混合风门步进电机；15—除霜步进电机；16—新鲜空气/循环空气风门步进电机；17—燃油箱功能电子系统；18—碰撞和安全模块；19—鼓风机功率输出级；20—驾驶员侧座椅模块；21—智能型安全按钮；22—自动恒温空调/手动恒温空调；23—暖反和空调操作面板以及收音机操作面板；24—驾驶员车门开关组件；25—遥控信号接收器；26—车顶功能中心；27—自动防眩车内后视镜；28—晴雨/光照/水雾传感器；29—转向柱开关中心；30—车灯开关操作单元；31—数字式发动机电气电子系统；32—左侧车外后视镜；33—电气加热装置；34—带有倾斜报警传感器的报警器

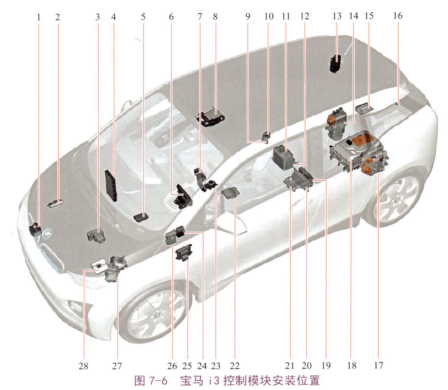

图 7-6 宝马 i3 控制模块安装位置

1—车辆发声器 VSG；2—右侧前部车灯电子装置 FLER；3—动态稳定控制系统 DSC；4—车身域控制器 BDC；5—自动恒温空调 IHKA 或手动恒温空调 IHKR；6—组合仪表 KOMBI；7—选挡开关 GWS；8—车顶功能中心 FZD；9—触控盒 TBX；10—驻车操作辅助系统 PMA 或驻车距离监控系统 PDC；11—主控单元 HEADUNIT；12—选装配置系统 SAS；13—充电接口模块 LIM；14—增程电机电子装置 REME；15—增程器数字式发动机电子系统 RDME；16—顶部后方侧视摄像机 TRSVC；17—便捷充电电子装置 KLE；18—电机电子装置 EME；19—放大器 AMP；20—远程通信系统盒 TCB；21—蓄能器管理电子装置 SME；22—碰撞和安全模块 ACSM；23—控制器 CON；24—燃油箱功能电子系统 TFE；25—数字式发动机电气电子系统 EDME；26—基于摄像机的驾驶员辅助系统 KAFAS；27—电子助力转向系统 EPS；28—左侧前部车灯电子装置 FLEL

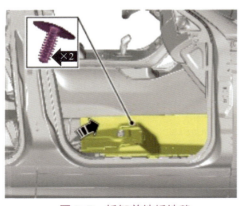

图 7-7 拆卸前地板地毯

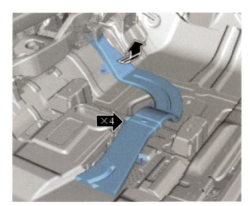

图 7-8 拆下空气管道

❻ 如图 7-9 所示将后地板地毯后部重新定位到远离出风口的位置。

❼ 松开接线线束卡子，拆下 4 个卡夹，拆下空气管道支架，如图 7-10 所示。

图 7-9 移动后地板地毯

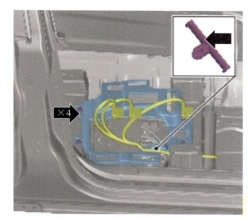

图 7-10 拆下空气管道支架

❽ 如图 7-11 所示断开 7 个电气接头。

❾ 断开 3 个电气接头。卸下 2 个螺栓（力矩：7Nm）。松开 2 个卡夹。从支架拆下前信息娱乐控制模块（IGM / ICCM），如图 7-12 所示。

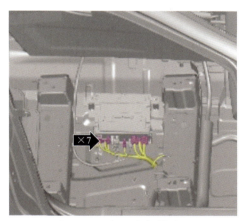

图 7-11 断开电气接头

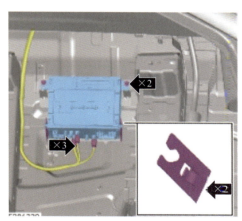

图 7-12 拆下控制模块

❿ 安装按与拆卸相反的顺序进行。注意按规定力矩拧紧各个螺栓。

7.1.5 设置技巧：保时捷 Taycan 重置通信管理系统（PCM）中央电脑

▶ **故障现象：**

车辆在一定程度上无法通过 PCM 中央显示屏和中控台中的控制面板执行触摸操作。检测到"CAR"（车辆）、"NAV"（导航）、"Medi"（媒体）、"Air conditioning"（空调）和"Settings"（设置）之类的触摸命令，但未执行。

▶ **原因分析：**

在生产过程中启用了运输模式时，PCM 的各个模块可能无法完全关闭，因此损坏的数据将保存在 PCM 中，无法再将其删除。因此，会发生所述的故障模式。

▶ **解决方案：**

使用 PIWIS 检测仪将中央电脑重置为出厂设置。

▶ **维修过程：**

❶ 拆卸通风腔挡板盖。

❷ 连接并打开蓄电池充电器。

❸ 将 PIWIS 检测仪与车辆连接并打开 PIWIS 检测仪。

❹ 开启点火装置。

❺ 开始诊断。

❻ 选择"central computer"（中央电脑）控制单元。

❼ 选择"Maintenance/repairs"（保养/维修）选项卡。

❽ 选择菜单项"Reset to factory settings"（重置为出厂设置），然后按 F12 继续。

❾ 按照检测仪上的说明操作。

❿ 检查输入内容是否已显示和在操作控制单元（PCM）中已输入。如果不是这样，请重复从步骤 ❽ 开始的过程。

如果第三次尝试后故障仍然存在，更换中央电脑。

⓫ 关闭点火开关。

⓬ 断开 PIWIS 检测仪与车辆的连接。

⓭ 关闭并断开蓄电池充电器的连接。

⓮ 推上外部电源接头的正极接线柱上的护盖。

⓯ 安装通风腔挡板盖。

 7.1.6　故障速诊：马自达 CX-30 EV 网关系统故障诊断

以马自达 CX-30 EV 车型为例，利用诊断仪读取系统故障码，可以针对故障码内容提示及诊断引导进行故障排除，相关信息扫描封底二维码获取。

 7.1.7　案例精解：保时捷 Taycan 组合仪表显示"紧急呼叫功能故障 – 需要维修"

▶ **故障现象：**

组合仪表中显示错误信息"紧急呼叫功能故障 - 需要维修"，并且车顶控制台中的 LED 亮起为红色。紧急呼叫功能仍然可用。"B200000 控制单元 - 功能限制（020018）"条目将存储在智慧互联控制单元的故障记忆中。

▶ **解决方案：**

使用 PIWIS 检测仪测试软件 39.200.031 版本（或更高版本），禁用飞行模式。在禁用飞行模式后，将会自动清除智慧互联控制单元的故障记忆。应确保没有丢失必要的信息。在禁用飞行模式后，控制单元将会在后端注册。这需要手机具有足够的接收能力。

▶ **操作步骤：**

❶ 将 PIWIS 检测仪与车辆连接并打开 PIWIS 检测仪。

❷ 建立操作就绪。

❸ 开始诊断。
❹ 禁用飞行模式。
  a. 选择"Connect"（智慧互联）控制单元。
  b. 选择"Maintenance/repairs"（保养/维修）选项卡。
  c. 在菜单中选择"Deactivate flight mode"（禁用飞行模式），然后按 F12 继续。
  d. 按照检测仪上的说明操作。
如果无法清除故障记忆，更换智慧互联控制单元。
❺ 结束操作就绪。
❻ 选择"Disconnect the PIWIS Tester"（断开 PIWIS 检测仪），断开与车辆的连接。

7.2 安全舒适系统

7.2.1 原理秒懂：路虎揽胜 PHEV 无钥匙进入与启动系统（PEPS）

被动启动系统的运行依赖于巧妙定位于车辆中的 LF 天线和 RF 接收器对具有唯一编码的智能钥匙的检测。LF 天线可确保智能钥匙无论放置在车内任何地方，都始终位于天线的有效发射区内。因此天线的位置和方向对于系统的正常运行至关重要。

被动启动系统在 BCM/GWM 与动力传动系统控制模块（PCM）之间提供一个安全接口，这可防止擅自启动发动机。要实现这一点，需将使用智能钥匙和多个控制模块之间的编码数据交换来防盗锁止发动机拖转启动系统与燃油系统。

BCM/GWM 通过 FlexRay 连接与 PCM 通信。

如果智能钥匙和车辆控制模块之间的编码数据交换得到验证，则发动机启动过程开始。然后，在收到来自 BCM/GWM 的授权数据信息之后，发动机管理系统允许发动机拖转启动和供油。

在变速箱换挡旋钮（TCS）位于驻车挡（P）位置且踩下制动踏板时，按下点火开关可启动发动机。

BCM/GWM 发出请求后，RFA 将提示每个内部 LF 天线输出一个信号。如果将智能钥匙置于乘客舱中，它会检测 LF 信号，并将数据识别信号发送回射频接收器进行响应。射频接收器将数据识别信号发送至 RFA。

如果接收到的数据与 RFA 内存储的数据匹配，则它会通过发出"智能钥匙有效"信号以继续被动启动程序。BCM/GWM 通过 HS CAN 车身系统总线接收此信号。当 BCM/GWM 接收授权并通过内部计算确认响应时，它会将编码的数据传输至 IPC。通过 HS CAN 人机接口（HMI）系统总线将此数据传输至 IPC。通过 IPC 确认之后，启用点火开关。

在 BCM/GWM 向 PCM 发送启动信号之前，它将与变速箱控制模块（TCM）交换加密的数据。该数据将授权分离驻车锁装置。

如果 RFA 未能找到智能钥匙，则会在 IPC 信息中心显示相关信息。该信息为"无法识别智能钥匙，请重新定位智能钥匙或将智能钥匙定位到所示位置并按下启动按钮"。智能钥匙识别与检测和无钥匙启动原理如图 7-13、图 7-14 所示。

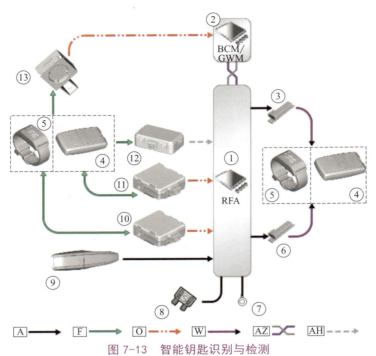

图 7-13 智能钥匙识别与检测

A = 硬接线；F = RF 传输；O = LIN；W = LF 传输；AH = 串行通信线路；AZ = HS CAN 车身系统总线；1—RFA；2—BCM/GWM；3—LF 天线 - 地板控制台；4—智能钥匙；5—智能钥匙手环（如已配备）；6—LF 天线 - 载货区；7—接地；8—电源；9—车门锁定 / 解锁开关 - 外部车门把手；10—被动进入系统收发器（前部）；11—被动进入系统收发器（后部）；12-RF 接收器；13-IAU

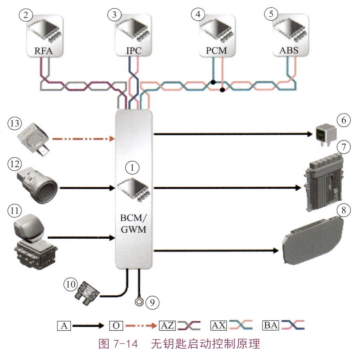

图 7-14 无钥匙启动控制原理

A= 硬接线；O=LIN；AX=FlexRay；AZ = HS CAN 车身系统总线；BA = HS CAN HMI 系统总线；1—BCM/GWM；2—RFA；3—IPC；4—PCM；5—防抱死制动系统控制模块（ABS）（集成动力制动系统的一部分）；6—燃油泵继电器；7—PCM；8—IPC；9—接地；10—电源；11—TCS；12—点火开关；13—IAU

7.2.2 原理秒懂：路虎揽胜 PHEV 辅助约束系统（SRS）

约束控制模块（RCM）控制系统的操作，可在特定碰撞情况下通过选择性地激活，为车辆乘客提供额外保护。

RCM 可激活以下功能：驾驶员安全气囊，乘客安全气囊，驾驶员侧安全气囊，乘客侧安全气囊，左侧安全气帘，右侧安全气帘，安全带卷收器和张紧器。

RCM 从车辆周围各种传感器接收输入信号，以便确定在发生事故时应该启用哪些装置。输入信号为以下装置的信号：乘客占位检测传感器，座椅安全带带扣开关，前部和后部碰撞传感器，右侧和左侧碰撞压力传感器，X、Y 和 Z 轴加速度传感器，车速。

可启用和禁用乘客安全气囊。使用组合仪表板（IPC）信息中心中的车辆设置菜单来启用和禁用乘客安全气囊。乘客安全气囊的激活状态由前顶置控制台上的一个指示灯来表示。辅助约束系统（SRS）的状态由 IPC 中的安全气囊警告指示灯进行指示。

当 RCM 输出任何启用信号时，它还会通过 FlexRay 向 BCM/GWM 输出碰撞信号。

碰撞信号也通过硬连线传输至以下部件：动力传动系统控制模块（PCM），BCM/GWM，所有车门模块，远程通信控制模块（TCU）（如已配备）。

接收到碰撞信号后，PCM 切断燃油泵继电器的电源，BCM/GWM 切换至碰撞模式。

在碰撞模式下，BCM/GWM 启动内部照明灯。车内灯一直保持点亮状态，直至手动在灯单元上将其关闭。此外，在关闭碰撞模式后，车内灯将恢复正常操作。禁用后车窗儿童锁输入，直至关闭碰撞模式。

启动危险警告灯。危险警告灯将一直保持点亮状态，直至通过危险警告开关将其取消或关闭了碰撞模式。

在碰撞模式下，车门模块启用车辆锁定系统的所有解锁信号，即使车辆已解锁。忽略所有锁定/双重锁定输入，直到接收到解锁输入，此后，系统将让锁定系统回到正常运行状态。通过锁定系统的有效锁定和解锁循环来关闭 BCM/GWM 碰撞模式。

RCM 将记录任何 DTC 和相关数据。可使用 JLR 认可的诊断设备来读取 DTC 和相关数据。JLR 认可的诊断设备可使某些部件激活，还可读取实时数据。辅助约束系统控制原理如图 7-15 所示。

7.2.3 电路速检：丰田 bZ4X 电动汽车智能钥匙 ECU 端子检测

❶ 断开认证 ECU（智能钥匙 ECU 总成）连接器 F47，端子分布如图 7-16 所示。
❷ 根据表 7-3 中的值测量电压和电阻。

表 7-3 电源与接地端测量

检测仪连接	端子描述	条件	规定状态
F47-29（E）—车身搭铁	搭铁	始终	< 1Ω
F47-6（+B）—车身搭铁	电源	点火开关置于 OFF 位置	11～14V

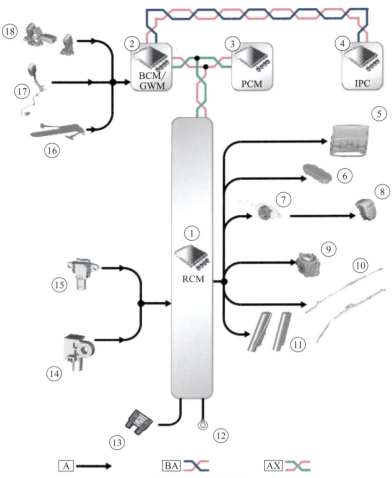

图 7-15 辅助约束系统控制原理框图

A = 硬接线；BA = HS CAN HMI 系统总线；AX = FlexRay；1—RCM；2—BCM/GWM；3—PCM；4—IPC；5—乘客安全气囊禁用指示灯 - 前顶置控制台；6—乘客安全气囊；7—钟簧式绕线器；8—驾驶员安全气囊；9—安全带卷收器和张紧器（4个）；10—侧安全气帘（2个）；11—侧安全气囊（2个）；12—接地；13—电源；14—前后碰撞传感器（4个）；15—侧面碰撞压力传感器（2个）；16—乘员占位检测传感器（4个）；17—前排座椅安全带带扣开关（2个）；18—第二排座椅安全带带扣开关（3个）

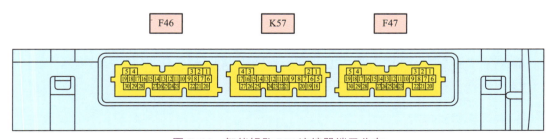

图 7-16 智能钥匙 ECU 连接器端子分布

❸ 重新连接认证 ECU（智能钥匙 ECU 总成）连接器 F47。

❹ 根据表 7-4 中的值测量电压并检查脉冲。

表 7-4 背门开启信号

检测仪连接	端子描述	条件	规定状态	相关数据表项目
K57-16（TSW5）—车身搭铁	背门开启开关输入	背门开启开关总成（开启开关）关闭→打开	低于1V→产生脉冲	Entry & Start Tr/B-Door Unlock SW

7.2.4 电路速检：丰田 bZ4X 电动汽车安全气囊控制器端子

当安全气囊系统出现故障时，可以根据需要依据气囊电脑端子的功能定义进行信号（电压或电阻）检测，以此判断线路或控制器是否有问题。以丰田 bZ4X 汽车为例，该车气囊电脑端子分布如图 7-17 所示，端子定义见表 7-5。

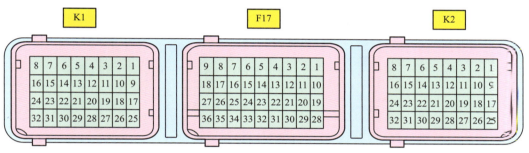

图 7-17 安全气囊控制器端子分布

表 7-5 安全气囊控制器端子定义

端子编号	端子符号	目的地
K1-3	PLR-	左后预紧器点火管（后排左侧座椅外安全带总成）
K1-4	PLR+	
K1-5	PL+	驾驶员侧预紧器点火管（前排左侧座椅外安全带总成）
K1-6	PL-	
K1-7	ICL-	左侧帘式空气囊点火管（左侧帘式空气囊总成）
K1-8	ICL+	
K1-15	SFL-	左前侧点火管（前排左侧座椅空气囊总成）
K1-16	SFL+	
K1-19	BCD-	左侧1号侧空气囊传感器
K1-20	BCD+	
K1-28	BCL+	左侧2号侧空气囊传感器
K1-29	BCL-	

续表

端子编号	端子符号	目的地
K1-31	BBL-	左侧侧空气囊压力传感器
K1-32	BBL+	
F17-3	P-	不带盖的仪表板乘客空气囊总成
F17-4	P+	
F17-6	D+	驾驶员侧点火管（喇叭按钮总成）
F17-7	D-	
F17-8	D2-	驾驶员侧第2级点火管（喇叭按钮总成）
F17-9	D2+	
F17-10	PK+	乘客侧膝部空气囊点火管（仪表板下2号空气囊总成）
F17-11	PK-	
F17-12	DK-	驾驶员侧膝部空气囊点火管（仪表板下1号空气囊总成）
F17-13	DK+	
F17-23	GSW3	DCM（车载通信收发器）
F17-24	GSW2	EV控制ECU
F17-25	GSW	主车身ECU（多路网络车身ECU）
F17-26	CAFH	CAN通信线路
F17-27	CAFL	
F17-28	-SR	右前空气囊传感器
F17-29	+SR	
F17-30	+SL	左前空气囊传感器
F17-31	-SL	
F17-32	E2	搭铁
F17-33	E1	
F17-36	IGR	A/BAG-IGR保险丝
K2-1	ICR+	右侧帘式空气囊点火管（右侧帘式空气囊总成）
K2-2	ICR-	
K2-3	PR-	乘客侧预紧器点火管（前排右侧座椅外安全带总成）
K2-4	PR+	
K2-5	PRR+	右后预紧器点火管（后排右侧座椅外安全带总成）
K2-6	PRR-	

续表

端子编号	端子符号	目的地
K2-9	SFR+	右前侧点火管（前排右侧座椅空气囊总成）
K2-10	SFR-	
K2-21	BCP+	右侧1号侧空气囊传感器
K2-22	BCP-	
K2-25	BBR-	右侧侧空气囊压力传感器
K2-26	BBR+	
K2-28	BCR+	右侧2号侧空气囊传感器
K2-29	BCR-	

7.2.5 故障速诊：雪佛兰畅巡电动汽车 SRS 系统诊断

以雪佛兰畅巡 EV 车型为例，利用诊断仪读取系统故障码，可以针对故障码内容提示及诊断引导进行故障排除，相关信息扫描封底二维码获取。

7.2.6 故障速诊：别克 GL8 陆尊 PHEV 安全防盗系统诊断

以别克 GL8 陆尊 PHEV 车型为例，利用诊断仪读取系统故障码，可以针对故障码内容提示及诊断引导进行故障排除，相关信息扫描封底二维码获取。

第 8 章

车辆控制系统

8.1 整车控制器（VCU）

8.1.1 原理秒懂：新能源车整车控制器功能

新能源汽车根据其动力源可分为纯电动汽车（EV）和混合动力车（HEV\PHEV）。整车控制器是新能源汽车的核心控制部件，主要功能是解析驾驶员需求，监控汽车行驶状态，协调控制单元如 BMS、MCU、EMS、TCU 等的工作，实现整车的上下电、驱动控制、能量回收、附件控制和故障诊断等功能。整车控制系统原理如图 8-1 所示。

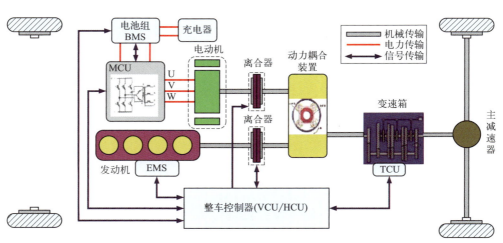

图 8-1　整车控制器原理框图

8.1.2 电路速检：丰田 bZ3 电动汽车整车控制器端子定义

当整车控制系统出现故障时，可以根据需要依据整车控制器端子的功能定义进行信号（电压或电阻）检测，以此判断线路或控制器是否有问题。以丰田 bZ3 汽车为例，该车整车控制器端子分布如图 8-2 所示，端子定义见表 8-1。

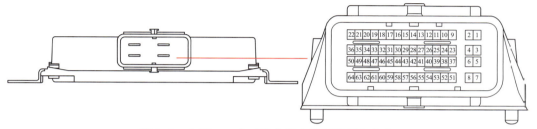

图 8-2　丰田 bZ3 电动汽车整车控制器端子分布

表 8-1　丰田 bZ3 电动汽车整车控制器端子定义

端子	名称	定义
1	IG3	IG3 电源 1
3	IG3	IG3 电源 2
6	PUMP-F	水泵回检信号
7	GND1	接地 1
8	GND2	接地 2
11	VCPA	加速踏板电源 1
12	VCP2	加速踏板电源 2
14	SMRS	SMRS 紧急关断信号
18	VPA	加速踏板信号 1
21	CAN1H	能量 CAN-H
22	CAN1L	能量 CAN-L
23	PUMP	水泵驱动信号
37	FAN	风扇驱动信号
40	LIN	LIN 通信信号
51	EPA	加速踏板地 1

续表

端子	名称	定义
52	EPA2	加速踏板地 2
54	DRN2	加速踏板屏蔽地
56	SBFS	SCU 芯片控制信号
58	HSDN	驱动禁止信号
60	VPA2	加速踏板信号 2
63	CAN2H	动力子网 CAN-H
64	CAN2L	动力子网 CAN-L

8.1.3 电路速检：本田 M-NV VCU 端子检测

当整车控制系统出现故障时，可以根据需要依据整车控制器端子的功能定义进行信号（电压或电阻）检测，以此判断线路或控制器是否有问题。以本田 M-NV 汽车为例，该车整车控制器端子分布如图 8-3 所示，端子定义见表 8-2。

连接器 A（端子 1~64）：

49	-	-	-	-	米黄色	-	紫色	-	紫色	蓝色	-	-	黑色	黑色	64
	-	灰色	白色	浅绿色	棕色	-	-	-	-	棕色	绿色	灰色	-	粉色
	粉色	红色	浅绿色	红色	-	-	-	-	-	浅绿色	白色	-	棕色	绿色
1	绿色	-	红色	白色	绿色	天蓝色	-	白色	灰色	白色	-	浅绿色	黄色	黄色	16

(a) 连接器 A

101	-	白色	-	-	-	紫色	-	-	浅绿色	灰色	黑色	黑色	112
	-	-	-	-	天蓝色	-	蓝色	-	-	-	-	-
	-	-	-	-	-	-	黄色	-	蓝色	蓝色	浅绿色	-
65	紫色	-	-	-	黄色	棕色	米黄色	-	棕色	-	-	-	76

(b) 连接器 B

图 8-3 整车控制器连接器端子分布

表 8-2 整车控制器连接器端子定义

序号	针脚定义	序号	针脚定义
1	EV-CAN_H	29	BKSW
2	—	30	SIG2（APM）
3	F-CAN_L	31	P-PIN-SW
4	F-CAN_H	32	STS
5	MAIN_RLY_CL-	33	—
6	—	34	HVIL2-
7	GND1（APM）	35	IG1_EN
8	—	36	VCC2（APM）
9	—	37	VCC1（APM）
10	HVIL1+	38	—
11	BKSWNC	39	—
12	SIG（VACUUM_SNER）	40	—
13	—	41	—
14	HVIL2+	42	HI_FAN RLY_CL-
15	EV_IGP	43	—
16	EV_IGP	44	VCU-GND
17	EV_CAN_L	45	SIG1（APM）
18	LIN	46	SIG（AC_PRE_SNER）
19	VCC_5V（AC_PRE_SNER）	47	—
20	+B	48	VCU_SIG
21	—	49	—
22	—	50	—
23	—	51	—
24	—	52	—
25	—	53	—
26	—	54	MTR_COOL MTR_PWM
27	—	55	—
28	—	56	BATT_HTR MTR_PWM

续表

序号	针脚定义	序号	针脚定义
57	—	85	GND（VACUUM_SNER）
58	LOW_FAN RLY_CL-	86	GND（MTR_TW_SNER）
59	GND2（APM）	87	—
60	—	88	—
61	—	89	—
62	—	90	—
63	GND	91	—
64	GND	92	HVAC_HTR MTR_PWM
65	RVSOUT	93	—
66	—	94	VSP
67	—	95	—
68	—	96	—
69	VACUUM PUMP_RLY_CL-	97	—
70	BMS_RLY_CL-	98	—
71	EV_UNIT RLY-CL-	99	—
72	—	100	—
73	HVIL1-	101	—
74	—	102	VCC_5V（MTR_TW_SNER）
75	—	103	—
76	—	104	—
77	—	105	—
78	—	106	CDS
79	—	107	—
80	—	108	—
81	—	109	VCC_5V（VACUUM_SNER）
82	ATP-P	110	A/C_RLY_CL-
83	—	111	GND
84	GND（AC_PRE_SNER）	112	GND

8.1.4 故障速诊:马自达 CX-30 EV 整车控制器故障诊断

以马自达 CX-30 EV 车型为例,利用诊断仪读取系统故障码,可以针对故障码内容提示及诊断引导进行故障排除,相关信息扫描封底二维码获取。

8.2 车身控制器(BCM)

8.2.1 原理秒懂:特斯拉 Model 3 车身域控制器特性

特斯拉的 Model3 由传统的分布式架构转向了分域的集中式架构。德国博世是最早提出域控制器概念的企业之一。但博世的思路仍然受到传统的模块化电子架构影响,其在 2016 年提出了按照功能分区的五域架构,将整车的 ECU 整合为驾驶辅助、安全、车辆运动、娱乐信息、车身电子 5 个域,不同域之间通过域控制器和网关进行连接。

Model 3 的域控制器架构核心直接从功能变成了位置,每个控制器应该负责控制其附近的元器件,而非整车中的所有同类元器件,这样才能最大化减少车身布线复杂度,充分发挥当今芯片的通用性和高性能,降低汽车开发和制造成本。所以特斯拉的三个车身域控制器分别分布在前车身、左前门和右前门前,实现就近控制。各个车身域控制器安装位置见图 8-4。

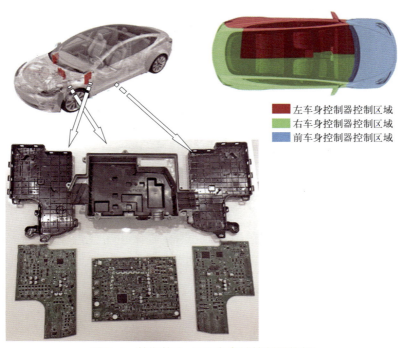

图 8-4 特斯拉 Model 3 车身域控制器拆解

前车身控制器位于前舱中,主要负责的功能是前车体元件控制以及主要的配电工作。该控制器离蓄电池比较近,方便取电。其主要负责三类电子电气的配电和控制。

❶ 安全相关：i-booster、ESP 车身稳定系统、EPS 助力转向、前向毫米波雷达。

❷ 热管理相关：如冷却液泵、五通阀、换热器、冷媒温度压力传感器等；

❸ 前车身其他功能：车头灯、机油泵、雨刮等。除此之外,它还给左右车身控制器供电,这一功能十分重要,因为左右车身控制器随后还将用这两个接口中的能量来驱动各自控制的车身零部件。

具体功能实现方面,需要诸多芯片和电子元件来配合完成。核心的芯片主要完成控制和配电两方面的工作。

先说控制部分,主要由一颗意法半导体的 MCU 来执行（图中红框）。此外,由于涉及到冷却液泵、制动液液压阀等各类电机控制,所以板上搭载有安森美的直流电机驱动芯片（图中橙色框 M0、M1、M2）,这类芯片通常搭配一定数量的大功率金属—氧化物—半导体场效应晶体管（MOSFET）即可驱动电机。

配电功能方面,一方面需要实时监测各部件中电流的大小,另一方面也需要根据监测的结果对电流通断和电流大小进行控制。电流监测方面,奥地利微电子公司 AMS 的双 ADC 数据采集芯片和电流传感器配套芯片（黄色框 AMS 中的芯片）可以起到重要作用。而要控制电流的状态,一方面是通过 MOSFET 的开关,另一方面也可以通过高边开关芯片（High Side Driver,HSD）,这种芯片可以控制从电源正极流出的电流通断。前车身控制器主板元件分布如图 8-5 所示。

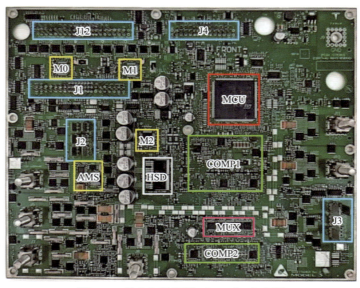

图 8-5　前车身控制器（FBCM）电路图

左车身控制器位于驾驶员小腿左前方位置,贴合车体纵向放置,采用塑料壳体封装,可以在一定程度上节约成本。左车身控制器负责管理驾驶舱及后部的左侧车身部件,充分体现了尽可能节约线束长度以控制成本的指导思想。

左车身控制器主要负责了以下几类电子电气的配电和控制。

❶ 左侧相关：包括仪表板、方向盘位置调节、照脚灯。
❷ 座椅和车门：左前座椅、左后座椅、前门、后排车门、座椅、尾灯等。

左车身域控制的核心芯片主要也分为控制和配电。核心控制功能使用两颗 ST 的 32 位 MCU 以及一颗 TI 的 32 位单片机来实现。左车身的灯具和电机比较多，针对灯具类应用，特斯拉选用了一批 HSD 芯片来进行控制，主要采用英飞凌的 BTS 系列芯片。针对电机类应用，特斯拉则选用了 TI 的电机控制芯片和安森美的大功率 MOSFET。左车身控制器主板元件分布如图 8-6 所示。

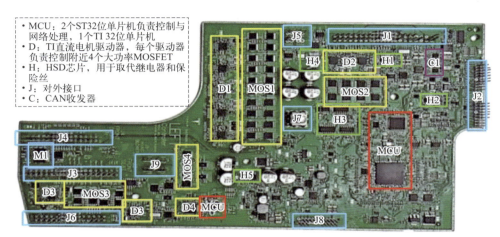

图 8-6　左车身控制器（LBCM）

右车身控制器与左车身基本对称，接口的布局大体相同，也有一些不同点。右车身域负责超声波雷达以及空调，同时右车身承担的尾部控制功能更多一些，包括后方的高位刹车灯和后机油泵都在此控制。

电路配置也与左车身较为相似。一个不同点在于右车身信号较多，所以将主控单片机从左车身的 ST 换成了瑞萨的高端单片机 RH850 系列。此外由于右车身需要较多的空调控制功能，所以增加了三片英飞凌的半桥驱动器芯片。右车身控制器主板元件分布如图 8-7 所示。

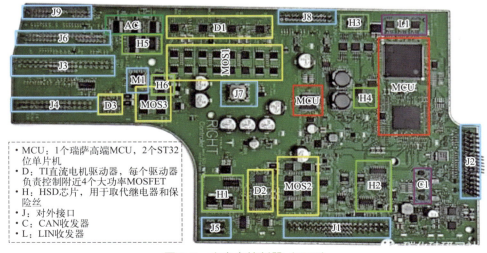

图 8-7　右车身控制器（RBCM）

8.2.2 部件快拆：福特电马 Mach-E 车身控制模块拆装步骤

❶ 如果安装新的 BCM，请将蓄电池充电器连接到蓄电池，确保其充电以保持正确的蓄电池电压。

❷ 如果 BCM 对诊断扫描工具没有响应，可能需要在维修中输入完工数据，只有在更换 BCM 时，才必须执行该步操作。

使用诊断扫描工具，按照屏幕上的说明为 PMI 开始执行 BCM 过程。

❸ 如图 8-8 所示拆下固定器和右侧下绝缘板。

图 8-8　拆下右侧下绝缘板

❹ 如图 8-9 所示松开夹扣并拆下 BCM 盖板。

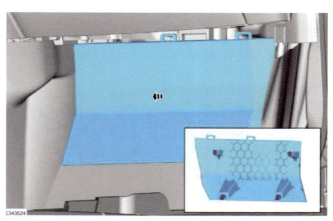

图 8-9　拆下 BCM 盖板

❺ 分离线束固定器，断开 BCM 电气接头，如图 8-10 所示。

❻ 松开夹扣并拆卸 BCM，如图 8-11 所示。

❼ 要进行安装，请反向执行拆卸程序。

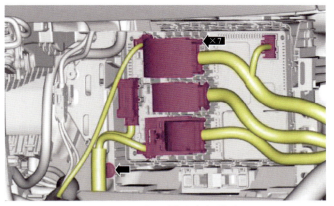

图 8-10 断开模块电气接头

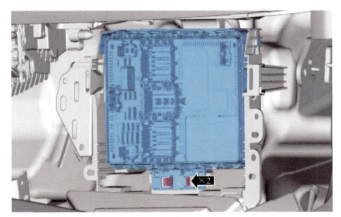

图 8-11 拆卸 BCM

8.2.3 电路速检：丰田 bZ4X 电动汽车 BCM 端子检测

丰田 bZ4X 电动汽车 BCM 端子分布如图 8-12、图 8-13 所示。

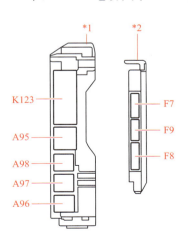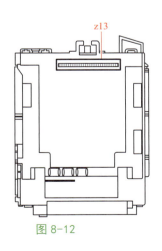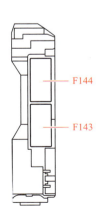

图 8-12

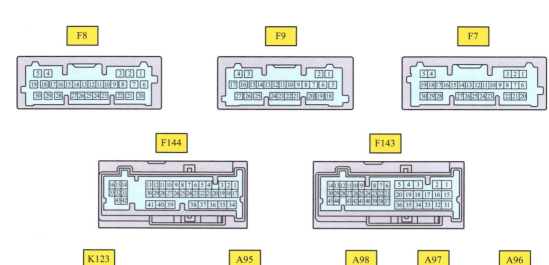

图 8-12 带 3 个连接器的主车身控制器

*1—配电盒总成;*2—主车身 ECU(多路网络车身 ECU)

❶ 从配电盒总成上拆下主车身 ECU(多路网络车身 ECU)。
❷ 重新连接配电盒总成连接器。
❸ 根据表 8-3 中的值测量电压和电阻。

表 8-3 BCM 端子测量

端子编号(符号)	端子描述	条件	规定状态
z13-13(GND1)—车身搭铁	搭铁	始终	<1Ω
z13-14(GND2)—车身搭铁	搭铁	始终	<1Ω
z13-26(BECU)—车身搭铁	辅助蓄电池电源	点火开关置于 OFF 位置	11~14V
z13-27(IGR)—车身搭铁	IG 电源	点火开关置于 OFF 位置	<1V
		点火开关 ON	11~14V

❹ 将主车身 ECU(多路网络车身 ECU)安装到配电盒总成上。
❺ 根据表 8-4 中的值测量电压并检查脉冲。

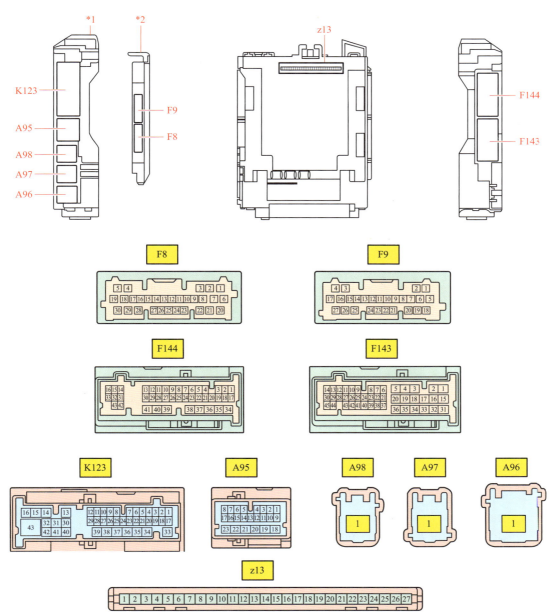

图 8-13 带 2 个连接器的车身控制器

*1—配电盒总成；*2—主车身 ECU（多路网络车身 ECU）

表 8-4　BCM 端子测量

端子编号（符号）	端子描述	条件	规定状态
A95-5—车身搭铁	CXPI 通信线路	点火开关 ON	产生脉冲
K123-43—车身搭铁	后窗除雾器信号（输出）	后窗除雾器开关关闭	< 1.5V
		后窗除雾器开关打开	8 ～ 14V

续表

端子编号（符号）	端子描述	条件	规定状态
F143-2—车身搭铁	后视镜加热器驱动电压（输出）	后窗除雾器开关关闭	<1.5V
		后窗除雾器开关打开	8～14V
F143-18—车身搭铁	驾驶员侧座椅加热器驱动电压（输出）	点火开关置于OFF位置	<1.5V
		点火开关ON	8～14V
F144-37—车身搭铁	乘客侧座椅加热器驱动电压（输出）	点火开关置于OFF位置	<1.5V
		点火开关ON	8～14V
K123-30—车身搭铁	尾灯输出	尾灯不亮	<1.5V
		尾灯点亮	8～14V
K123-7—车身搭铁	后雾灯输出	尾灯点亮，后雾灯开关关闭	<1.5V
		尾灯点亮，后雾灯开关打开	8～14V
K123-38-车身搭铁	倒车灯输出	点火开关置于ON位置，换挡杆未置于R位置	<1.5V
		点火开关置于ON位置，换挡杆置于R位置	8～14V
F144-4—车身搭铁 K123-20—车身搭铁	DOME CUT继电器输出	点火开关置于OFF位置	8～14V

8.2.4 设置技巧：保时捷Taycan重置通信管理系统（PCM）中央电脑

▶ **故障现象：**

车辆在一定程度上无法通过PCM中央显示屏和中控台中的控制面板执行触摸操作。检测到"CAR"（车辆）、"NAV"（导航）、"Medi"（媒体）、"Air conditioning"（空调）和"Settings"（设置）之类的触摸命令，但未执行。

▶ **原因分析：**

在生产过程中启用了运输模式时，PCM的各个模块可能无法完全关闭，因此损坏的数据将保存在PCM中，无法再将其删除。因此，会发生所述的故障模式。

▶ **解决方案：**

使用PIWIS检测仪将中央电脑重置为出厂设置。

▶ **维修过程：**

❶ 拆卸通风腔挡板盖。
❷ 连接并打开蓄电池充电器。
❸ 将PIWIS检测仪与车辆连接并打开PIWIS检测仪。
❹ 开启点火装置。
❺ 开始诊断。

❻ 选择"central computer"(中央电脑)控制单元。
❼ 选择"Maintenance/repairs"(保养/维修)选项卡。
❽ 选择菜单项"Reset to factory settings"(重置为出厂设置),然后按 F12 继续。
❾ 按照检测仪上的说明操作。
❿ 检查输入内容是否已显示和在操作控制单元(PCM)中已输入。如果不是这样,请重复从步骤 8 开始的过程。如果第三次尝试后故障仍然存在,更换中央电脑。
⓫ 关闭点火开关。
⓬ 断开 PIWIS 检测仪与车辆的连接。
⓭ 关闭并断开蓄电池充电器的连接。
⓮ 推上外部电源接头的正极接线柱上的护盖。
⓯ 安装通风腔挡板盖。

8.2.5 故障速诊:马自达 CX-30 EV 车身控制器故障诊断

以马自达 CX-30 EV 车型为例,利用诊断仪读取系统故障码,可以针对故障码内容提示及诊断引导进行故障排除,相关信息扫描封底二维码获取。